国家自然科学基金项目(71173218)资助成果

突发性能源短缺的
应急响应研究

吕　涛　著

科　学　出　版　社

北　京

内 容 简 介

本书以应急管理理论、供应链管理理论等为基础，做了能源应急管理研究的新尝试。全书分五篇，共 12 章，主要内容包括：突发性能源短缺的成因、演变过程及影响因素；能源应急过程中的行为主体及其博弈关系；能源应急中的成品油储备布局及跨区域应急调度；IEA 成员国石油应急体系评价；完善中国能源应急体系的对策等。

本书可为政府部门、能源供应链企业建立能源应急体系提供借鉴，也可供从事能源经济管理、能源应急管理研究的人员阅读参考。

图书在版编目（CIP）数据

突发性能源短缺的应急响应研究/吕涛著.—北京：科学出版社，2017

ISBN 978-7-03-054919-8

Ⅰ. ①突⋯　Ⅱ. ①吕⋯　Ⅲ. ①能源短缺–突发事件–应急对策–研究　Ⅳ. ①F407.2

中国版本图书馆CIP数据核字（2017）第253974号

责任编辑：李　雪　武　洲 / 责任校对：王萌萌
责任印制：张　伟 / 封面设计：无极书装

科 学 出 版 社 出版
北京东黄城根北街 16 号
邮政编码：100717
http://www.sciencep.com

北京中石油彩色印刷有限责任公司 印刷
科学出版社发行　各地新华书店经销
*
2017 年 10 月第　一　版　开本：720 × 1000　1/16
2019 年 1 月第二次印刷　印张：11 1/4
字数：220 000
定价：98.00 元
（如有印装质量问题，我社负责调换）

前　　言

　　1950 年以来，全球范围内发生 30 余次石油供应短缺突发事件，其成因包括政治军事冲突、自然灾害、石油设施故障等。这些突发事件对石油市场产生了严重冲击，导致石油供应短缺和石油市场的异常波动，进而影响到国民经济和人民生活的正常进行。为了应对这些突发性石油短缺，以国际能源署(International Energy Agency, IEA)成员国为代表的西方国家的能源应急体系，包括完善的应急法规体系、明晰的应急组织体系、有效的协同响应体系、庞大的应急储备体系等不断完善。能源消费特别是油气消费的持续增加，给中国的能源安全带来严峻挑战，2016 年中国石油对外依存度已达 65%，远超 50% 的"国际警戒线"，天然气对外依存度也升至 34%，国际油气市场的风吹草动都会影响到国内能源供应安全。因此，中国能源应急体系建设迫在眉睫。

　　实际上，能源应急体系建设已经引起了我国政府的高度关注。例如，《能源法》征求意见稿指出："国家建立能源应急制度，应对能源供应严重短缺、供应中断、价格剧烈波动以及其他能源应急事件"；2016 年 12 月国家发改委和能源局发布的《能源生产和消费革命战略(2016—2030)》特别指出："增强战略储备和应急能力，制订应急预案、完善演练制度和应急调度机制，提高能源应急响应能力，有效减少能源中断带来的损失"。但是，总体上看我国突发性能源短缺的应急体系还不够完善，存在能源应急法律尚未建立、能源应急组织较为分散、能源应急储备体系建设滞后等问题。

　　基于以上背景，本书应用应急管理理论、供应链管理理论、利益相关者理论、案例分析、博弈分析、Petri 网建模、超网络建模、多目标优化、模糊评价等理论和方法，研究了突发性能源短缺的演化过程、应急主体协同、应急储备与调度、应急能力评价等问题，全书分五篇，共 12 章，主要内容包括：

　　(1)研究现状与案例分析篇。分析了突发性能源短缺应急响应国内外研究现状和存在的问题，提出了本书的写作框架及主要内容；收集已经发生的国内外石油与煤炭短缺案例，分析了突发性能源短缺的成因、发生及响应过程。

　　(2)应急主体及协同响应篇。构建了能源供应链企业和政府能源应急博弈模型，分析了两者的博弈行为策略；构建了中国与 IEA 石油应急合作的演化博弈模型，分析了双方石油应急合作的行为策略；分析了能源应急主体及其关联关系，选择具体案例测算了应急主体的协同熵和协同效率。

　　(3)应急过程及建模仿真篇。提取了突发性石油短缺演化的动力因素，包括致灾因子、承灾能力、孕灾环境和应急干预等，分析了突发性石油短缺的发生、发展、演变和终结过程；建立了突发性石油短缺演化过程模型，仿真分析了不同变迁情景下突发性石油短缺演化系统状态变化。

(4)应急储备与应急调度篇。对长三角地区 2020 年成品油需求进行了预测，分四种情境测算了储备规模，建立了长三角地区成品油储备布局优化模型，提出了储备布局方案；建立了成品油跨区域应急调度的超网络模型，仿真分析了应急目标选择、应急通道脆弱性、最大应急能力以及应急主体间的关联度等因素对应急成本、应急模式选择的影响。

(5)应急体系及应急能力篇。研究了 IEA 石油应急体系的演变和石油应急体系的层次结构；建立了石油应急能力评价指标体系，并对 IEA 主要成员国应急能力进行了评价；结合前面的研究，简要分析了中国能源(石油)应急体系的演变，提出了完善中国能源应急体系的对策。

能源应急总体上属于能源安全领域的研究，而能源安全领域的成果以能源安全预警与能源储备为主，对"能源不安全(能源短缺)"后的应急保障和应急响应的研究较少，特别是能源应急响应决策机制、能力评价、应对策略等相关理论与方法的研究较为欠缺。本书围绕"突发性能源短缺应急响应"这一主题，从应急主体及协同响应、演化过程及建模仿真、应急储备与应急调度、应急体系及应急能力等多角度加以研究，是能源应急管理研究的新尝试，为建立能源应急管理理论打下了较好的基础，对中国完善能源应急体系具有一定的参考和借鉴意义。但是，由于突发性能源短缺本身的复杂性，加之能源应急管理可参考的基础理论和方法文献、可用的数据和案例资料较为缺乏，本书一定还存在许多不足之处，请各位专家和读者批评指正。

本书得到了国家自然科学基金"突发性能源短缺应急响应的组织体系及'情景-应对'策略研究"(71173218)和江苏省高校国际能源政策研究中心项目的资助，在此表示感谢。研究生刘晓燕、王政、王春玲、郭庆、富莉、冯磊等参与了本课题研究工作，在此一并感谢。本书写作过程中参阅了大量文献和数据资料，特别向这些文献的作者表示感谢。

吕　涛

2017 年 9 月

目　　录

第一篇　研究现状及案例分析

第1章　突发性能源短缺应急响应研究现状

突发性能源短缺(sudden energy shortage)是一种由自然灾害等突发事件引起的能源(主要指煤炭、石油、天然气等一次能源)供应紧急状态[1]。突发事件引发的能源生产停滞、能源运输中断、能源消费突增，都会引起突发性的能源短缺，导致能源市场的异常波动。例如，2005年8月的卡特里娜飓风导致墨西哥湾92%的原油和83%的天然气生产停滞；2008年初的中国南方雪灾导致煤炭运输中断，引发大范围煤炭能源短缺和煤炭价格的大幅波动；2008年6月的西澳天然气管道爆炸使得本地区1/3的天然气供应中断；2009年1月的俄乌天然气争端导致部分欧洲国家天然气供应中断；2009年底至2010年初的天气异常引发了中国大范围的天然气荒和煤荒；2010年底至2011年初的澳大利亚洪灾致使当地75%的煤矿停产，导致港口封航和煤炭运输中断，煤炭供应量大幅度减少；2011年的利比亚战争和2015年的也门战争也曾经引起一定程度的石油市场恐慌和供应紧张，等等。突发性能源短缺事件的频发，对国民经济和人民生活产生了严重影响，对国家能源应急体系提出了严峻挑战。

西方发达国家非常重视能源应急体系建设，普遍建立了能源供应应急机制，并收到了良好的效果[2]。以美国为例，应对能源供应中断和短缺是各级能源主管部门的重要职责，政府赋予各级能源主管部门能源应急权力(energy emergency power)，以做好能源应急计划、准备和响应，定期对能源应急体系加以评估和完善，各州针对突发性能源短缺都有较为完善的应急预案和应急组织[3~5]。与这些国家相比，我国能源应急体系还相当薄弱，与能源消费大国和油气对外依存度不断提高的现实很不相称[6]。国际能源专家、英国邓迪大学能源、石油与矿产法规研究中心主任安德鲁·斯皮德撰文指出：中国需要像关注气候变化和能源安全一样，关注能源抵御能力，以应对能源供应系统的突发事件[7]。

1.1　国内外研究现状分析

1.1.1　国外研究现状分析

国外对突发性能源短缺应急问题的研究分为两个阶段：第一个阶段为20世纪70~80年代，关注的是国际石油供应中断及其应急响应问题；第二个阶段是2000年后，关注的是自然灾害等突发事件引起的突发性能源短缺应急问题。

20世纪70年代的石油禁运发生后，相关学者对突发性石油供应中断及其应急响应进行了大量探讨，有代表性的研究包括：Sorensen 针对能源短缺突发事件，提出了一个能源应急的框架模型，包括评价应急事件的概况、供应/需求短缺情况、社会和经济影响、应急事件的特征和社会响应等[8]；Lindsay 认为在经历第一次石油危机后，美国的能源应急能力并没有提高，应该通过政府和企业的合作，建立更加广泛的能源应急准备体系，才能从容应对下一次能源供应中断，否则会重蹈1973 年石油危机的覆辙，给美国经济带来严重损害[9]；Ginn 分析了各州政府针对能源应急准备的立法情况，分析了州政府在能源应急中的权力，提出了关于能源应急立法的发展方向[10]；Hubbard 认为石油市场国际化程度较高，石油应急应该加强国际合作，并制定相应的政策[11]。与此同时，战略石油储备也成为研究热点[12~14]。

在这一时期，许多西方国家制定了能源或石油应急法规，石油供应应急体系不断完善。特别是 1974 年成立的国际能源署的首要任务就是"保持和完善石油供应中断的应急系统"，在建立石油供应应急体系方面做了大量工作，包括：组织专门会议探讨石油应急响应问题，对成员国甚至是非成员国进行石油应急培训；定期从应急机构与政策、应急储备、需求限制、储备动用、能源替代、数据收集等方面对成员国的应急能力加以评估；要求成员国建立能源应急共享组织，促进石油应急的国际合作；提出了一整套石油供应应急响应措施(图 1.1)；等等[15~17]。

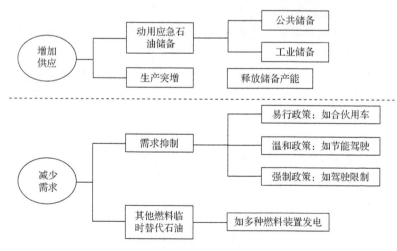

图 1.1　国际能源署提出的石油应急响应措施

在 20 世纪 80 年代末至 90 年代末的十余年中，能源应急问题的研究较少，没有成为能源经济与管理的研究主题。直到 2000 年后，由于遭遇了美国 2003 年东北地区大停电、2005 年和 2008 年飓风对石油供应的冲击导致南方各州大范围石油供应中断等突发性能源短缺事件，建立能源应急体系又一次引起了西方各国政府和学者的重视。

"*Energy Bulletin*" 分别于 2008 年 1 月、2009 年 1 月、2010 年 11 月和 12 月刊登了 5 篇文献,概述了发达国家应对石油短缺的应急体系研究和实践动态。Rick 等认为,随着能源设施的老化以及威胁能源系统运行的突发事件的频发,关于能源应急问题的研究会越发得到重视;同时指出,能源应急体系涉及的利益主体众多,应急响应需要各级政府的配合,涉及的管理层次多、管理难度大,能源应急管理的重点在地方当局,要授予他们作出及时响应的优先权[18~22]。Lappalainen 从能源安全的角度对欧盟天然气和电力的应急响应措施进行了评价与分析,并建议欧盟采取更多样化的应急供应策略并加强这方面的立法[1]。Farrell 等从突发事件带来的能源基础设施受损出发,分析了突发事件发生时石油、天然气、电力、煤炭、核电、水电供应系统的抗损能力,提出通过关键能源基础设施保护来保障突发事件下的能源安全[23]。

近年来,美国政府发布了大量关于能源应急体系建设的政策文件和研究报告,有代表性的包括:①2008 年 1 月,在《国家应急响应框架》下,联邦政府出台了应急响应的《能源支持功能》附件,明确了联邦政府层面的能源应急响应组织体系及责任分担,提出了突发性能源短缺的事前、事中、事后应急策略[24];②2004年、2005 年和 2009 年,美国国家州级能源官员协会先后三次发布《州能源保障指南》,指出能源保障的重点在于能源应急体系建设(针对事件的响应)和关键能源基础设施保护(减少事件发生的风险),为州政府建立能源应急组织、开展能源应急响应提供了行动指南[25];③2010 年 9 月美国能源部和国土安全部共同发布的《能源部门基础设施保护计划》研究报告和 2011 年 1 月能源部发布的《能源传输系统安全路线图》研究报告,重点从能源基础设施保护角度,探讨了如何减少突发性能源短缺事件的发生概率及其加快发生后的恢复重建[26, 27]。综观美国近几年能源应急体系建设的研究和实践,具有以下突出特点。

1)加大能源应急体系建设的投资

2009 年 1 月公布的《2009 美国复苏与再投资法案》中用于"电力输送与能源可靠性"的投资达 45 亿美元,投资的重点方向有能源基础设施安全性和可靠性、电网现代化、能源储备研究与实践、能源基础设施修复等[28]。2009 年 8 月,能源部从这一投资中拿出 3800 万美元分配给 48 个州的能源办公室,实施一个为期 3年的计划,用于增强能源应急准备和响应能力。2010 年 2 月,美国能源部长朱棣文宣布为覆盖 25 个州的 43 个地方城市和城镇提供 800 万美元的支持,以帮助这些地区建立有效的应对能源短缺的应急体系[29]。

2)建构和完善能源应急组织体系

目前,美国能源部规定能源应急准备和响应是各级政府的共同责任,纵向多级、横向协调的能源应急组织体系已基本建立。例如,联邦政府层面的能源应急响应以能源部为核心，支持部门包括农业部、交通运输部、商务部、环境保护署、国土安全部、国防部等；州政府层面的能源应急响应(图 1.2)受州长直接领导，以州能源办公室、州应急管理部门为核心，支持部门包括其他相关部门、联邦政府、其他州政府、地方政府等。在《能源支持功能》《州能源保障指南》政策文件中，还详细规定了各应急主体的责任和义务[24, 25]。

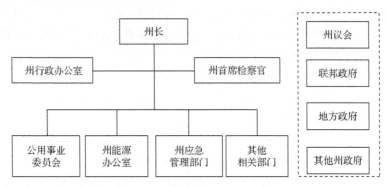

图 1.2　州政府层面的能源应急组织

3) 重视应急响应的基础能力建设

除了完善应急储备体系以外，美国能源部电力传输与能源可靠性办公室还在能源部网站设置了应急准备(emergency preparedness)和应急响应(emergency response)专栏，在提升能源应急响应的基础能力方面做了大量工作，包括：①发布能源保障日报(*Energy Assurance Daily*)，为相关企业和公众提供能源系统运行信息；②发布能源应急动态报告(*Emergency Situation Reports*)，以便利益相关者及时作出合理决策；③发布州和地方政府能源应急准备和响应体系建设动态报告，为州和地方政府建设能源应急准备和响应体系提供培训、指导和资金支持；④发布能源应急案例分析报告，为相关政府和企业提供能源应急响应经验[30, 31]。

与此同时，英国、加拿大等国家也加快了能源应急体系建设。例如，英国 2010年 4 月公布了新的《国家天然气和电力应急预案》[32]；加拿大 2010 年 12 月出台了新的《能源供应应急法案》，并发布了《加拿大关键能源基础设施保护》报告等[33, 34]。

1.1.2　国内研究现状分析

世界范围内自然灾害等突发事件的增多趋势，使得应急管理成为一个重要而热门的研究领域。我国在经历了"SARS"、矿难、洪水、雪灾、地震等自然灾害和突发事件后，应急管理研究受到了高度重视。2009 年国家自然科学基金委员会专门设立"非常规突发事件应急管理研究"重大研究计划项目，国家社会科学基金近年来也资助了多项重大招标项目，用于应急管理基础理论和应用对策研究，清华大学、中国科学院等还专门成立了应急管理研究机构。在这种背景下，我国的应急管理研究发展很快，在应急管理理论、方法与实践、应急选址与调度、应急体系与预案编制等方面，取得了系统性研究成果。与此同时，突发事件等应急状态下的生产和生活物质保障得到重视，粮食、药品等生活必需品的应急体系相继建立。

近年来，我国政府也开始高度关注能源应急问题。例如，2007 年 12 月公布的《能源法》征求意见稿指出："国家建立能源应急制度，应对能源供应严重短缺、供应中断、价格剧烈波动以及其他能源应急事件"，由此可见，能源短缺或供应中断(会导致能源短缺)是能源应急的首要问题；2007 年 4 月，"建立应急体系，提高安全保障"作为实现能源"十一五"目标的保障措施被列入《能源发展"十一五"规划》；2010 年 4 月召开的国家能源委员会第一次会议、2009 年 12 月和 2011 年 1 月召开的全国能源工作会议，都将加强能源预测预警、完善能源安全应急预案、增强能源应急保障能力、加快油气储备体系建设作为能源工作重点等。

与此同时，能源应急问题引起了国内学者的关注。例如，董秀成分析了 2010 年 10 月我国"柴油荒"的原因，指出应急储备体系才是治本之策[35]。廖建凯在分析日本能源储备与应急法律制度基础上，认为能源储备是石油应急的一个组成部分，合理的能源储备和高效的石油应急机制是应对突发性能源短缺的最有效措施，是能源供应的安全阀，中国应该借鉴日本经验，在规范性文件、应急机构和参与主体、应对措施三方面完善石油应急制度[36, 37]。杨敏英概述了 IEA 各成员国对石油应急重要性的认识，介绍了石油应急对策体系的主要内容及其实施策略[38, 39]。钟宪章回顾了美国在 1973 年阿拉伯国家石油禁运后采取的石油应急对策，认为其应急对策对于保障能源安全功不可没，对中国具有"非同一般"的借鉴意义[40]。刘恩东[41, 42]、冯春艳[2]、罗晓云[43]、金三林和米建国[44]、李昕[45]指出西方国家的石油应急机制已经比较成熟和完善，并日益系统化、规范化、制度化，突出特点包括将石油应急纳入国家安全战略、全面完善的石油供应应急法规体系、高效运转的石油应急组织机构、反应迅速安全有效的应急系统、规模庞大的石油储备体系。吕涛通过介绍西方国家石油应急的经验，分析了我国能源应急体系的不足并从五个方面提出了我国能源应急体系的建设构想[46]。黄宏纯和陆崇芳指出了当前中国国家石油储备应急动用机制建设现状及存在问题，提出了构建与完善中国国家石油储备应急动用机制的建议[47]。

在突发性能源短缺应急策略方面，秦新丽和吕涛依据国外应对突发性能源短缺应急事件的经验，提出了构建突发性能源短缺应急能力评价模型[48]。吴刚和魏一鸣介绍了美国战略石油储备释放和补仓策略，同时基于动态规划模型模拟我国不同突发事件情景战略石油储备应对策略[49, 50]。刘晓燕和吕涛基于广义随机 Petri

网对能源突发事件应急管理流程进行建模，通过案例对能源短缺应急管理流程进行了仿真分析[51]。朱维娜从协同学角度分析突发性石油短缺应急主体及影响因素之间关系，并对应急响应流程进行建模分析[52]。刘晓燕和吕涛构建了突发性能源短缺应急主体的博弈模型，研究政府和能源供应链企业两个主体之间的博弈关系[53]。李银涯通过对我国的石油需求地和需求量以及战略石油储备的释放能力进行评估，基于最小费用最大流理论，建立了战略石油储备的调度优化模型[54]。郭杰等结合 Markov 预测法、三角模糊数和改进型 TOPSIS 法，构建了应对突发性天然气供应中断的动态多目标应急决策模型，并以某区域天然气供应中断为例，对该模型进行了验证[55]。

1.1.3　简要的评述及研究趋势

从上面的分析可以看出：

(1)自然灾害等突发事件引发的突发性能源短缺引起了世界各国的普遍关注，美国还将能源应急纳入国家安全战略，在能源应急立法、能源应急投资、能源应急储备、能源应急组织、能源应急基础能力等方面做了大量工作。而国内关于能源应急问题的研究和实践明显滞后。

(2)从国内相关研究来看，突发性能源短缺作为一类能源供应突发事件，在应急管理领域没有得到重视，能源安全领域重点研究保障能源安全的评价、预警及其战略、政策、措施，对"能源不安全(能源短缺)"后的应急保障和应急响应关注较少，部分相关研究以介绍国外经验为主，结合中国能源发展现状、能源管理体制和应急管理体制，研究能源应急主体及其相互关系、能源应急策略与应急调度的较少。

(3)Jacob 和 Hellström 的研究表明，对突发事件发生和演化机理的认知会极大地影响其处理和控制效率[56]，但是当前国内外关于突发性能源短缺发生发展过程和演变规律的研究较少，不利于形成科学高效的突发性能源短缺应急管理模式。在能源应急过程中，"响应不足"与"响应过度"并存，影响了应急响应效率，增加了应急响应成本。

为此，下一步需要深入探讨的问题包括：①探索突发性能源短缺的形成与演化机理，分析其发生、发展过程和演变规律，为构建科学高效的突发性能源短缺应急管理模式打下基础。②界定突发性能源短缺应急响应的相关主体，分析各应急主体的角色及其相互链接关系，为构建科学的应急响应组织体系提供依据。③根据能源应急活动的基本内容，建立能源应急能力评价模型，找出能源应急体系建设中的薄弱环节，为完善能源应急体系提供依据。④鉴于应急调运在应对能源短缺、促进能源市场恢复中的核心地位，根据能源供应链特点建立能源应急调度优化模型，尤其突出跨区域联动在能源应急调度中的作用。

1.2　本书主要内容

本书分五篇，共 12 章，具体研究内容和方法为：

1. 研究现状及案例分析篇

分析了突发性能源短缺应急响应国内外研究现状和存在的问题，介绍了本书的写作框架及主要内容；收集已经发生的国内外石油与煤炭短缺案例，分析了突发性能源短缺的成因、发生及响应过程。

2. 应急主体及协同响应篇

首先利用演化博弈理论，对能源供应链企业和政府两个应急主体在突发性能源短缺应急过程中的博弈行为策略进行了研究，构建了中国与 IEA 石油应急合作的演化博弈模型，分析双方石油应急合作的行为策略；应用社会网络分析方法，分析了应急主体及其关联关系，测算了应急主体的协同熵和协同效率。

3. 应急过程及建模仿真篇

首先结合案例，提取了突发性石油短缺演化的动力因素，包括致灾因子、承载体、孕灾环境和应急干预等，分析了突发性石油短缺的发生、发展、演变和终结过程；利用 Petri 网建模方法，建立了突发性石油短缺演化过程模型，结合案例，仿真分析了不同变迁情景下突发性石油短缺演化系统状态变化。

4. 应急储备与应急调度篇

首先利用灰色预测方法，对长三角地区 2020 年成品油需求进行了预测，分一般预警、较重预警、严重预警、特别严重预警四种情境测算了储备规模，利用多目标优化模型建立了长三角地区成品油储备布局优化模型，提出了储备布局方案；利用超网络模型，建立了成品油跨区域应急调度模型，仿真分析了应急目标选择、应急通道脆弱性、最大应急能力，以及应急主体间的关联度等因素对应急成本、应急模式选择的影响。

5. 应急体系与应急能力篇

利用案例分析方法和解释结构建模方法，研究了 IEA 石油应急体系的演变和石油应急体系的层次结构；利用基于熵权法的模糊综合评价方法，建立了石油应急能力评价指标体系，并对 IEA 主要成员国应急能力进行了评价；结合前面的研究，分析了中国能源应急体系的演变，提出了完善中国能源应急体系的对策。

第 2 章　突发性能源短缺应急响应案例分析

2.1　石油短缺应急响应案例分析

2.1.1　全球范围内突发性石油短缺事件概述

本研究搜集自 1950 年以来，全球范围内发生的 31 次有统计记录的石油短缺突发事件，包括诱发原因、开始时间、中断持续时间和平均短缺量，详细数值如表 2.1 所示。由此可见，突发性石油短缺的引发原因包括石油地缘政治、石油设施故障、自然灾害等，供应中断的时间从 0.5 个月到 44.7 个月不等，每日的短缺量也有较大差别。其中，又以 3 次石油危机的中断规模为最大、持续时间为最长。

表 2.1　1950 年之后全球范围内突发性石油短缺事件

序号	石油短缺事件	起因	年份	供应中断时间/月	平均短缺量/(百万桶/天)
1	伊朗油田国有化	禁运/经济纠纷	1951	44.7	0.7
2	苏伊士战争	中东战争	1956	5	2
3	叙利亚过境费用争端	禁运/经济纠纷	1966	4	0.7
4	六天战争	中东战争	1967	3.1	2
5	尼日利亚内战	内部斗争	1967	16.3	0.5
6	利比亚价格矛盾	禁运/经济纠纷	1970	9.2	1.3
7	阿尔及利亚-法国斗争	内部斗争	1971	5.1	0.6
8	黎巴嫩政治冲突	内部斗争	1973	3.1	0.5
9	十月阿以战争	中东战争和禁运	1973	6.1	2.6
10	黎巴嫩内战	内部斗争	1976	2	0.3
11	沙特油田遭破坏	事故	1977	1	0.7
12	伊朗革命	内部斗争	1978	6	3.5
13	伊朗-伊拉克战争爆发	中东战争	1980	4.1	3.3
14	英国阿尔法海上平台	事故	1988	17.3	0.3
15	英国 Fulmer 油轮事件	事故	1988	4	0.2
16	埃克森瓦尔德兹事件	事故	1989	0.5	1
17	英国 Cormorant 平台事件	事故	1989	3	0.5
18	伊拉克-科威特战争	中东战争和禁运	1990	12	4.6

续表

序号	石油短缺事件	起因	年份	供应中断时间/月	平均短缺量/(百万桶/天)
19	对伊朗单方禁运	禁运/经济纷争	1995	1	0.2
20	挪威石油工人罢工	内部斗争	1996	1	1
21	尼日利亚地方抗议	内部斗争	1997	1	0.2
22	尼日利亚地方抗议	内部斗争	1998	3	0.2
23	OPEC 减产	禁运/经济纷争	1999	12	3.3
24	委内瑞拉石油罢工	内部斗争	2002	2.5	1
25	伊拉克战争	中东战争	2003	1.4	1.9
26	卡特里娜飓风	自然灾害	2005	4	2.3
27	土耳其攻打库尔德	军事冲突	2007	—	—
28	古斯塔夫飓风	自然灾害	2008	4	—
29	墨西哥湾漏油事件	事故	2010	—	—
30	利比亚战争	中东战争	2011	2	1.4
31	也门战争	中东战争	2015	—	—

资料来源：作者整理

　　国际石油组织对于石油供应中断的要求，一般只有石油供应中断量达到需求量的 7%时才认为到达石油危机的警戒阈值。但是，IEA 认为石油短缺的严重程度并不仅仅与石油的短缺量有关，还与库存水平、中断持续的时间和可用的备用产能有关，石油供应中断的市场环境决定石油应急响应的级别。

2.1.2　突发性石油短缺应急响应典型案例分析

　　通过表 2.1 对比，因石油设备故障导致的突发性石油短缺的相关报道较少，研究过程中选择 1973 年第一次石油危机、1978 年第二次石油危机、1990 年第三次石油危机以及 2005 年美国卡特里娜飓风引发的突发性石油短缺四个典型案例作为重点研究对象。通过案例梳理将每一个典型案例中突发性石油短缺从开始到结束的整个过程，按照时间序列进行概述，从而能够将突发性石油短缺从发生到最后终结的过程清晰地展现出来。

　　1. 1973～1974 年石油危机过程

　　1973 年 10 月 6 日，第四次中东战争爆发。为打击以色列及其支持者，阿拉伯成员国对美国和荷兰实施石油禁运，对其他西方发达国家实施石油减产。石油市场发生短缺后，石油公司的抢购导致原油价格从每桶 3.01 美元提高到每桶 11.65 美元(图 2.1)。此次石油危机触发了第二次世界大战之后最严重的全球经济危机，使美国的工业生产下降了 14%，GDP 下降了 4.7%；日本的工业生产下降超过了 20%，GDP 则下降了 7%；欧洲 GDP 下降了 2.5%。危机中，美国等西方发达国家采取"苦难均分"策略缓解石油短缺，最终美国通过外交政策使得中东国家解除禁运。

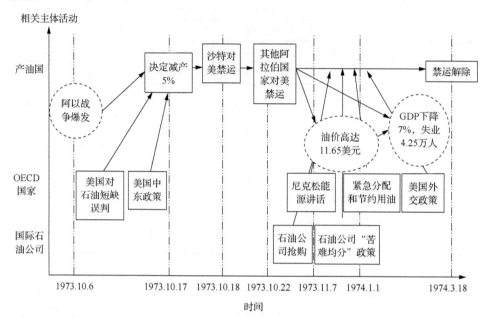

图 2.1　1973～1974 年石油危机过程

2. 1978～1979 年石油危机过程

1978 年的伊朗伊斯兰革命，由于工人罢工蔓延到整个石油工业，到同年 12 月，伊朗石油出口停止了(图 2.2)。伊朗的石油出口中断在世界石油市场上引起一片混乱，英国石油公司和埃克森石油公司宣布由于受到不可抗力，停止向客户供应石油。由于商业投机，人们对未来预期不确定性导致恐慌，各国争相高价购买石油以确保自身的石油供给，使油价即使在充足的情况下仍居高不下。危机中，IEA 对石油短缺反应迟缓，需求限制政策未能得到成员国的执行。这次石油危机成为 20 世纪 70 年代末西方经济全面衰退的一个主要原因。

3. 海湾战争导致的突发性石油短缺过程

1990 年 8 月初，伊拉克攻占科威特，海湾战争爆发，伊拉克遭受国际经济制裁，原油供应中断，致使国际油价在三个月内从每桶 14 美元急升至每桶 42 美元的高点(图 2.3)。美国、英国经济加速陷入衰退，全球 GDP 增长率在 1991 年跌破

2%。危机爆发后，国际能源署及时启动紧急计划，向市场投放储备石油。以沙特阿拉伯为首的 OPEC 成员国也纷纷增加原油产量来稳定全球油价，使得石油危机在供需双方的合作下得到很好的抑制。

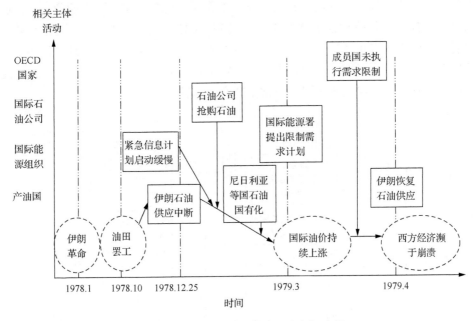

图 2.2 1978～1979 年伊朗石油危机过程

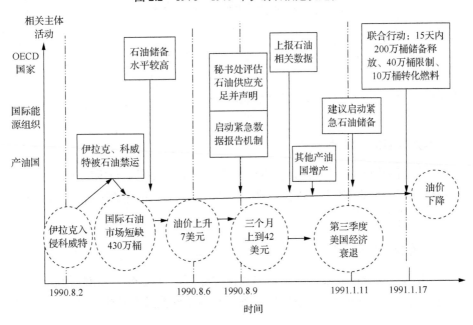

图 2.3 1990 年海湾战争石油危机过程

4. 卡特里娜飓风导致的突发性石油短缺过程

2005 年 8 月发生的卡特里娜飓风,对美国在墨西哥湾沿岸的石油生产及炼油设备造成毁灭性打击,令美国石油工业严重受损。而与此相伴而生的则是骤涨的油价,WTI 原油期货价格于 9 月 1 日上升到 70.85 美元/桶(图 2.4)。石油短缺发生后,布什政府宣布动用石油储备,油价有所下降。国际能源署 9 月 2 日决定启动协同应急计划,所有成员国在未来 30 天向美国市场供应 200 万桶/天,油价逐渐恢复正常,有效保证了美国的正常生产和生活秩序。

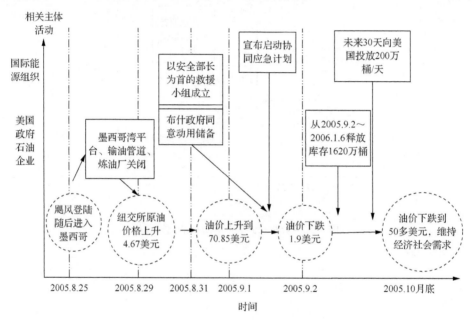

图 2.4　2005 年卡特里娜突发性石油短缺过程

2.1.3　突发性石油短缺的特征

突发性石油短缺除了具备突发事件所共有的突发性强、范围广等特点外,还与石油供应链、石油市场紧密联系,通过对突发性石油短缺案例分析,可以看出,还具有以下特点。

1. 具有较强的衍生性

从统计案例看出,突发性石油短缺往往并非石油供应链本身出现问题引起的,而是由自然灾害、局部战争、恐怖事件等突发性事件波及石油供应系统才发生的。

这些诱发事件可能造成石油设备损坏，或者导致产油国家主动减产甚至中止石油供应。

2. 触发因素复杂，通常难以预知

突发性石油短缺是由石油地缘政治突发事件、石油供应系统故障和自然灾害引发的石油供应中断。这些事件的爆发往往具有突发性，因此突发性石油短缺发生时间、波及范围、严重程度往往难以预知。

3. 影响具有连锁性，需要作出快速响应

突发性石油短缺一般出现在石油供应系统的生产或者运输环节，不仅会沿着石油供应链影响石油加工，还可能引起石油市场的抢购和油价的上升，进而破坏正常的国民经济和社会生活秩序。突发性石油短缺发展演变迅速，所造成的危害不断蔓延，不仅造成损失，还会引起恐慌，需要在第一时间果断采取应对措施，有效地遏制事件的发展，避免由石油短缺引发更大的经济危机。

4. 具有明显的区域性

由于资源禀赋、经济发展等原因，石油资源分布、生产和消费在地理分布上存在不均衡现象，石油供应突发事件具有明显的地域特征。对于石油需求量大的发达国家，需要大量从中东国家进口，石油短缺往往对这些国家影响较大。另外，由于局部战争和自然灾害引起的石油短缺，往往也是区域性的。

2.2　煤炭短缺应急响应案例分析

本部分以 2009 年 11 月至 2010 年 1 月我国发生的煤炭能源短缺为例，分析煤炭短缺的起因及应急响应过程。

2.2.1　煤炭短缺的起因

2009 年 11 月初至 2010 年 1 月底，由于天气异常变化，引起了国内大范围的突发性煤炭短缺，其起因源于三次天气异常事件(表 2.2)。第一次为 2009 年 11 月 9~12 日发生在山西、河北、河南等煤炭生产大省的暴雪，严重程度为 60 年一遇，局部地区属百年一遇，严重影响了这些地区的铁路和公路运输，进而影响了华中、华东、京津冀地区的煤炭正常供应。第二次为 2010 年 1 月初我国大部分地区遭受的寒潮袭击，影响范围之广和影响程度之深都是罕见的，大雪降温不但影响了煤炭生产和运输，还使得煤炭消费迅速增加，致使前一时期还未恢复的煤炭短缺"雪上加霜"。第三次为 2010 年 1 月 20 日前后北方煤港发

生的 30 年罕见的海冰，导致秦皇岛、京唐港等港口长时间封航，加剧了南方沿海的电煤短缺。这三次异常气候事件，带来了国内大范围的煤炭短缺，造成直供电厂库存可用天数迅速下降(图 2.5)，大部分电厂库存低于国家发改委规定的 15 天库存量，部分地区库存低于 7 天的警戒线，安徽省的直供电厂平均库存可用天数只有 3 天，拉闸限电的地区也不断增加，煤炭价格随之攀升(图 2.6)，至 2010 年 1 月下旬，大部分地区的煤炭价格比雪灾前上涨 100 元以上，少数地区煤炭价格上涨达 200 元。

表 2.2　2009 年 11 月至 2010 年 1 月煤炭短缺事件

时间	起因	严重程度	对煤炭供应的影响	影响范围
2009 年 11 月 9～12 日	北京、河北、山西、河南和山东等地的暴雪	河北、山西、河南的暴雪为 60 年一遇，局部达百年一遇	影响了铁路和公路的正常运行，导致山西、河南、河北等地煤炭外运困难	华中、华东、京津冀地区的煤炭供应
2010 年 1 月 1～6 日	大部地区遭受寒潮天气袭击	大部分地区遭受大雪、寒潮袭击，部分地区气温为 30 年同期最低	影响了煤炭的正常外运，同时煤炭调入区需求迅速增加	华中地区的煤炭供应
2010 年 1 月 20 日前后	北方海冰灾害导致港口封航多日	30 年同期最为严重的海冰，接连多日大雾	煤炭运输船无法靠港	华东地区的煤炭供应

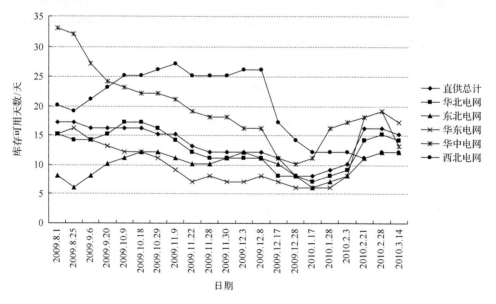

图 2.5　2009 年 8 月至 2010 年 3 月直供电厂库存变化

数据来源：中国煤炭运销协会信息中心

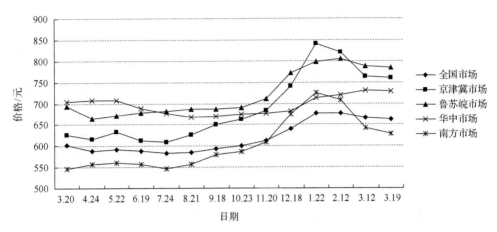

图 2.6   2009 年 3 月至 2010 年 3 月煤炭市场交易煤价格变化

数据来源：中国煤炭运销协会信息中心

2.2.2 煤炭短缺的应急响应过程

在煤炭短缺发生后，国务院、国家发改委、中国煤炭工业协会、各级地方政府通过增加供应(如组织煤炭抢运)、限制需求(如拉闸限电)等手段，作出了迅速响应，具体过程如表 2.3 所示，可以分为四个阶段。

表 2.3   2009 年 11 月至 2010 年 1 月煤炭短缺的应急响应过程

时间	响应组织部门	响应参与部门	相关主题概要
2009 年 11 月 12 日	国务院办公厅	省级人民政府，国务院各部委和直属机构	下发《关于做好强降雪防范应对工作的通知》
2009 年 11 月 13 日	国家发改委	省级人民政府发改委、经贸委、煤电油气运保障工作部际协调机制成员单位、中国煤炭工业协会、国家电网公司、南方电网公司	下发《关于积极应对恶劣天气影响抓紧做好煤电油气运及重要物资保障工作的紧急通知》
2009 年 12 月 18 日	国家发改委经济运行调节局	铁道部运输局、交通运输部水运局、中国煤炭运销协会、中能电力燃料公司等	召开会议分析电煤供应形势，研究、部署华中、华东等地的电煤供应保障工作
2009 年 12 月 29 日	国家发改委经济运行调节局	河南省发改委、河南省工信厅、山西省煤炭厅、陕西省煤业化工集团、铁道部运输局、国家电网调度中心、中国煤炭运销协会等	召开会议了解 2010 年煤炭产运需衔接工作的进展情况，研究华中地区 2010 年 1 月电煤资源的安排情况
2010 年 1 月 7 日	国务院		时任总理温家宝就解决部分地区电煤紧张问题作出批示
2010 年 1 月 9 日	交通运输部水路交通应急指挥中心	港口、航运、航道、海事等主管部门和大型港航企业	下发《关于做好电煤抢运工作的紧急通知》

续表

时间	响应组织部门	响应参与部门	相关主题概要
2010 年 1 月 10 日	铁道部	铁道部下属各部门、路局	1 月 10 日至 1 月 30 日，开展为期 20 天的电煤抢运
2010 年 1 月 13 日	国务院	国家电力监管委员会和国家电网公司、煤电油气运保障协调机制成员	时任副总理李克强考察冬季电力生产供应情况，主持召开加强煤电油气运保障工作会议
2010 年 1 月 13 日	国家发改委经济运行调节局	交通运输部水运司、国家电网公司、中国煤炭运销协会等	讨论华东地区电煤应急保障问题
2010 年 1 月 14 日	国家发改委经济运行调节局和交通运输部水运局	港口、航运、航道、海事等主管部门和大型港航企业	联合下发《关于华东地区电煤抢运的紧急通知》

1. 计划部署阶段

国务院办公厅和国家发改委及时下发《关于做好强降雪防范应对工作的通知》和《关于积极应对恶劣天气影响抓紧做好煤电油气运及重要物资保障工作的紧急通知》，要求煤炭生产企业做好安全生产，煤炭运输企业保障运输通道、港口、交通枢纽畅通，煤炭消费企业增加库存，应对灾害性天气对煤炭供应的影响。

2. 分析协调阶段

国家发改委经济运行调节局 2009 年 12 月 18 日、12 月 29 日和 2010 年 1 月 13 日先后组织三次会议，对华中和华东地区的煤炭供应紧张形势有了清晰的认识，明确了应急响应的重点和难点，决定对华中地区电煤供应实施宏观调控，对部分电煤供应紧张地区采取临时性措施加强调运，铁道部运输局，交通运输部水运局，河南省、山西省、陕西省煤炭主管部门，大型煤炭企业的参加，使得应急响应的主体更加具体和明确。

3. 组织实施阶段

铁道部组织为期 20 天的煤炭抢运和交通部组织华东地区煤炭抢运，铁路运输企业和交通运输企业优先安排煤炭运输，保持铁路、港口、航运、公路运输通畅，开设煤炭运输绿色通道。

4. 市场恢复阶段

铁道部、交通部组织的煤炭抢运取得了较好的应急保障效果，2010 年 1 月全国铁路煤炭发送量完成 17 024 万 t，同比增长 21.5%，电煤发送量完成 12 722 万 t，同比增加 3809 万 t，增长 42.7%，主要港口共发运煤炭 4435 万 t，同比增加 827

万 t，上升 22.9%[57]。至 2010 年 1 月底，煤炭短缺的局面得到大大缓解，全国 349 家直供电厂存煤 2728 万 t，比抢运前增加 528 万 t，平均可耗天数达到 11 天，比抢运前增加 2 天(图 2.5)，至 2010 年 3 月，大部分地区的煤炭价格也回落到正常水平(图 2.6)。

2.3 本 章 小 结

本章以历史上发生的石油和煤炭供应短缺事件为例，分析了突发性能源短缺的原因、发生演变及其应急响应和市场恢复过程。研究表明，军事冲突、自然灾害、生产事故等都可能引起突发性、区域性、临时性的能源短缺，进而影响国民经济和人民生活的正常运行。政府和能源主管部门及时采取释放储备、限制需求、加大生产等方式应对能源短缺，从而尽可能减少能源短缺的负面影响，促使能源市场尽快恢复正常。

第二篇　应急主体及协同响应

第3章 能源应急主体演化博弈分析

突发性能源短缺应急响应涉及的利益主体较多，包括中央政府和地方政府，能源生产、消费、运输企业及社会公众等，各个利益主体在应急过程中的行为策略决定着能源短缺应急的演化方向。在中国近年来频发的突发性能源短缺事件中，政府往往能够全力以赴应对短缺，而能源供应链企业则消极怠慢，主观能动性低，过度依赖政府。2008年初的南方雪灾导致煤炭运输中断引发煤炭短缺，以及2009年11月至2010年1月大范围爆发的煤荒等事件均暴露了该问题。研究突发性能源短缺应急主体的行为策略选择对于掌握能源应急演化机理，提高能源供应链企业积极性，改善能源应急管理现状至关重要。

20世纪90年代兴起的演化博弈理论，将人的行为模型化为具有某种适应性学习能力的渐进演化过程。该研究方法为分析突发事件演化规律提供了良好的研究范式，学者们已将该理论用于研究突发事件演化问题[58~60]。从演化博弈的角度分析，突发性能源短缺的应急过程是政府和能源供应链企业两个主体观察、学习和调整行为策略的过程，同时两个主体的行为策略决定着能源应急活动演化方向。借鉴以往学者研究成果，利用演化博弈理论，研究政府和能源供应链企业两个主体的行为策略选择及其影响因素，提出相应的政策建议，可以促进能源供应链企业在能源短缺时由消极应对变为积极应对，减少对政府的依赖，提高能源应急效率。

3.1 模 型 构 建

3.1.1 模型假设

假定突发性能源短缺应急中有政府和能源供应链企业两个主体。能源短缺突发事件发生后，政府迅速作出响应，国务院办公厅、国家发改委经济运行调节局及省、市、县等各级政府能源直属部门第一时间成立应急小组，启动煤电油气运保障工作部际协调机制，评估短缺程度，根据能源短缺程度启动相应的应急预案，统筹部署应急工作。在能源短缺应急过程中，采取的应急措施目前主要包括扩大能源产出、释放能源储备和降低能源消耗等。这些措施需要能源生产企业增加产能，能源销售企业释放其商业储备，能源运输企业协调运力，保障能源运输畅通，能源消费企业降低能源消耗量，提高能源利用率。由于能源的生产、运输、销售、消费企业具有同质性，为简化模型将其统一为能源供应链企业。

目前中国的能源短缺应急现状为，当短缺发生后，能源供应链企业作为以营利为目的、自主经营、自负盈亏的主体，其应急的主观能动性受到经济利益的约束，同时能源供应链企业一般认为政府在资源的储备和筹措方面具有显著优势，应当担负更多的责任。所以，能源供应链企业往往过度依赖政府的力量，选择消极应对，模型设定能源供应链企业的应急行为策略分为积极应对和消极应对两种策略。积极应对指在短缺发生后，能源供应链企业充分发挥其主观能动性，第一时间内和政府进行沟通协调，采取先期处置应急措施，主动增加能源产量，充分释放能源储备，最大限度抽调运力保障应急资源运输和降低能源消费。消极应对指能源供应链企业在短缺的应急过程中主观能动性低，消极等待政府的应急工作安排，缺乏与其他应急主体的信息沟通，过多地考虑其自身的经济利益，不能最大限度地释放其资源服务于能源应急。政府在能源短缺的应急过程中可根据能源供应链企业在应急过程中的表现以及应急的成败，向能源供应链企业进行责任追究，主要是对能源供应链企业主要领导人的撤职处分或者其他行政、财政等处罚，因此模型引入惩罚变量"p"，设定政府的行为策略为给予惩罚和免除惩罚两种策略。

3.1.2　模型构建

支付矩阵中各收益值均表示突发性能源短缺应急主体应急过程中获得的物质利益与非物质利益(声誉、社会认可度)等的总和[60]。当能源供应链企业选择消极应对策略，政府选择免除惩罚策略时，能源供应链企业和政府的收益分别为 π_c 和 π_g；当能源供应链企业选择消极应对策略，政府选择给予惩罚策略时，则能源供应链企业的收益为 $\pi_c - p$，政府的收益为 $\pi_g + p$；当能源供应链企业选择积极应对策略时，会给博弈双方带来协同收益，同时能源供应链企业需付出相应的应急成本 c，则在能源供应链企业选择积极应对策略，政府选择给予惩罚策略时，能源供应链企业和政府应急协同收益分别为 s_{c1} 和 s_{g1}，能源供应链企业的最终收益为 $\pi_c + s_{c1} - c - p$，政府的最终收益为 $\pi_g + s_{g1} + p$；当能源供应链企业选择积极应对策略，政府选择免除惩罚策略时，能源供应链企业和政府的应急协同收益分别为 s_{c2} 和 s_{g2}，能源供应链企业的最终收益为 $\pi_c + s_{c2} - c$，政府的最终收益为 $\pi_g + s_{g2}$。

假设政府在 I 和 II 两种策略组合情况下获得的协同收益不等，即 $s_{g1} \neq s_{g2}$；能源供应链企业在 I 和 II 两种策略组合情况下获得的协同收益不等，即 $s_{c1} \neq s_{c2}$，且政府和能源供应链企业在策略组合 I 中获得的协同收益同时大于或同时小于各自在策略组合 II 中获得的协同收益，即 $s_{g1} - s_{g2} = \Delta s_{g(1-2)} = -\Delta s_{g(2-1)}$，$s_{c1} - s_{c2} = \Delta s_{c(1-2)} = -\Delta s_{c(2-1)}$。突发性能源短缺应急主体博弈模型支付矩阵见表 3.1，四种策略组合分别为 I、II、III、IV。

表 3.1 突发性能源短缺应急主体博弈模型支付矩阵

能源供应链企业	政府	
	给予惩罚 (β)	免除惩罚 $(1-\beta)$
积极应对 (α)	$\pi_c + s_{c1} - c - p,\ \pi_g + s_{g_1} + p$ （I）	$\pi_c + s_{c2} - c,\ \pi_g + s_{g_2}$ （II）
消极应对 $(1-\alpha)$	$\pi_c - p,\ \pi_g + p$ （III）	$\pi_c,\ \pi_g$ （IV）

在有限理性的情况下，能源供应链企业面对突发性能源短缺选择积极应对的概率为 α（$\alpha \in [0,1]$），政府对能源供应链企业给予惩罚的概率为 β（$\beta \in [0,1]$），则能源供应链企业选择积极应对策略时的收益为

$$\mu_{c1} = \beta(\pi_c + s_{c1} - c - p) + (1-\beta)(\pi_c + s_{c2} - c) \tag{3.1}$$

能源供应链企业选择消极应对策略时的收益为

$$\mu_{c2} = \beta(\pi_c - p) + (1-\beta)\pi_c \tag{3.2}$$

能源供应链企业的平均收益为

$$\overline{\mu}_c = \alpha\mu_{c1} + (1-\alpha)\mu_{c2} \tag{3.3}$$

能源供应链企业采取积极应对的复制动态方程为

$$C(\alpha) = \frac{d\alpha}{dt} = \alpha(\mu_{c1} - \overline{\mu}_c) = \alpha(1-\alpha)[\beta(s_{c1} - c) + (1-\beta)(s_{c2} - c)]$$
$$= \alpha(1-\alpha)(\beta\Delta s_{c(1-2)} + s_{c2} - c) \tag{3.4}$$

政府采取给予惩罚策略时的收益为

$$\mu_{g1} = \alpha(\pi_g + s_{g1} + p) + (1-\alpha)(\pi_g + p) \tag{3.5}$$

政府采取免除惩罚策略时的收益为

$$\mu_{g2} = \alpha(\pi_g + s_{g2}) + (1-\alpha)\pi_g \tag{3.6}$$

政府平均收益为

$$\overline{\mu}_g = \beta\mu_{g1} + (1-\beta)\mu_{g2} \tag{3.7}$$

政府采取给予惩罚策略时的复制动态方程为

$$G(\beta) = \frac{d\beta}{dt} = \beta(\mu_{g1} - \overline{\mu}_g) = \beta(1-\beta)[\alpha(\Delta s_{g(1-2)} + p) + (1-\alpha)p]$$
$$= \beta(1-\beta)(\alpha\Delta s_{g(1-2)} + p) \tag{3.8}$$

式(3.4)与式(3.8)组成的方程组为该博弈的动态复制系统。令式(3.4)、式(3.8)分别等于 0，即

$$C(\alpha) = \frac{\mathrm{d}\alpha}{\mathrm{d}t} = \alpha(\mu_{c1} - \overline{\mu_c}) = \alpha(1-\alpha)[\beta\Delta s_{c(1-2)} - c + s_{c2}] = 0 \qquad (3.9)$$

$$G(\beta) = \frac{\mathrm{d}\beta}{\mathrm{d}t} = \beta(\mu_{g1} - \overline{\mu_g}) = \beta(1-\beta)[\alpha\Delta s_{g(1-2)} + p] = 0 \qquad (3.10)$$

得到两组稳定状态的解为

$$\alpha_1 = 0, \alpha_2 = 1, \alpha_3 = \frac{p}{\Delta s_{g(2-1)}}$$

$$\beta_1 = 0, \beta_2 = 1, \beta_3 = \frac{s_{c2} - c}{\Delta s_{c(2-1)}}$$

3.2　模　型　分　析

3.2.1　模型稳定性分析

当 $0 < \dfrac{p}{\Delta s_{g(2-1)}} < 1$，$0 < \dfrac{s_{c2} - c}{\Delta s_{c(2-1)}} < 1$ 时，该博弈的动态复制系统有 5 个平衡点，即 $E_1(0,0)$、$E_2(1,0)$、$E_3(0,1)$、$E_4(1,1)$、$E_5\left(\dfrac{p}{\Delta s_{g(2-1)}}, \dfrac{s_{c2} - c}{\Delta s_{c(2-1)}}\right)$。由前文假设可知 $\Delta s_{c(2-1)}$、$\Delta s_{g(2-1)}$ 取值的正负方向一致，且 $\Delta s_{c(2-1)} \neq 0$，$\Delta s_{g(2-1)} \neq 0$。

当 $\beta = \beta_3 = \dfrac{s_{c2} - c}{\Delta s_{c(2-1)}}$ 时，$\dfrac{\mathrm{d}\alpha}{\mathrm{d}t}$ 始终为 0，即 α 取任意值均为稳定状态，意味着能源供应链企业在长期的博弈过程中采取积极应对或者消极应对策略效果一样，其策略选择具有随机性。当 $\beta \neq \beta_3 = \dfrac{s_{c2} - c}{\Delta s_{c(2-1)}}$ 时，$\alpha = 0$ 和 $\alpha = 1$ 是两个稳定状态，当 $\beta > \dfrac{s_{c2} - c}{\Delta s_{c(2-1)}}$ 时，$\alpha = 1$ 是演化稳定策略，能源供应链企业经过长期反复博弈最终将采用积极应对策略；当 $\beta < \dfrac{s_{c2} - c}{\Delta s_{c(2-1)}}$ 时，$\alpha = 0$ 是演化稳定策略，能源供应链企业经过长期反复博弈最终将采用消极应对策略。上述三种情况下 α 的动态趋势和稳定性用相位图表示(图 3.1)。

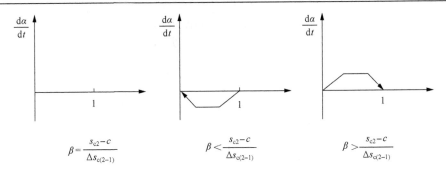

图 3.1　能源供应链企业复制动态相位图

当 $\alpha = \alpha_3 = \dfrac{p}{\Delta s_{g(2-1)}}$ 时，$\dfrac{d\beta}{dt}$ 始终为 0，即 β 取任意值均为稳定状态，说明政府在长期的博弈过程中采取给予惩罚或者免除惩罚策略效果一样，其策略选择具有随机性。当 $\alpha \neq \alpha_3 = \dfrac{p}{\Delta s_{g(2-1)}}$ 时，$\beta = 0$ 和 $\beta = 1$ 是两个稳定状态，时 $\alpha > \dfrac{p}{\Delta s_{g(2-1)}}$ 时，$\beta = 1$ 是演化稳定策略，政府经过长期反复博弈最终将一直采用给予惩罚策略；时 $\alpha < \dfrac{p}{\Delta s_{g(2-1)}}$ 时，$\beta = 0$ 是演化稳定策略，政府经过长期反复博弈最终将一直采用免除惩罚策略。上述三种情况下 β 的动态趋势和稳定性用相位图表示(图 3.2)。

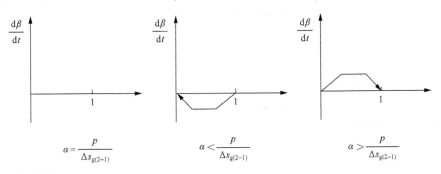

图 3.2　政府的复制动态相位图

3.2.2　演化稳定策略分析

应急演化博弈是一个动态的过程。根据 Hirshleifer 概念可知，若从使得动态系统的某平衡点的任意小邻域内出发的轨线最终都演化趋向于该平衡点，则称该平衡点是局部渐进稳定的，即演化均衡点。根据复制动态系统的雅克比矩阵的局部稳定性分析系统在 5 个均衡点的局部稳定性，分别计算 5 个均衡点的行列式 det j 和迹 tr$j$，如表 3.2 所示。

$$J = \begin{bmatrix} \dfrac{\mathrm{d}C(\alpha)}{\mathrm{d}\alpha} & \dfrac{\mathrm{d}C(\alpha)}{\mathrm{d}\beta} \\ \dfrac{\mathrm{d}G(\beta)}{\mathrm{d}\alpha} & \dfrac{\mathrm{d}G(\beta)}{\mathrm{d}\beta} \end{bmatrix} = \tag{3.11}$$

$$\begin{bmatrix} (1-2\alpha)(\beta\Delta s_{c(1-2)} - c + s_{c2}) & \alpha(1-\alpha)\Delta s_{c(1-2)} \\ \beta(1-\beta)\Delta s_{g(1-2)} & (1-2\beta)(\alpha\Delta s_{g(1-2)} + p) \end{bmatrix}$$

$$\det j = (1-2\alpha)(\beta\Delta s_{c(1-2)} - c + s_{c2})(1-2\beta)(\alpha\Delta s_{g(1-2)} + p) - \\ \alpha(1-\alpha)\Delta s_{c(1-2)}\beta(1-\beta)\Delta s_{g(1-2)} \tag{3.12}$$

$$\mathrm{tr}j = (1-2\alpha)(\beta\Delta s_{c(1-2)} - c + s_{c2}) + (1-2\beta)(\alpha\Delta s_{g(1-2)} + p) \tag{3.13}$$

表 3.2　演化博弈模型均衡点的 det*j* 和 tr*j*

均衡点	det j	tr$j$
$E_1(0,0)$	$p(s_{c2} - c)$	$p + s_{c2} - c$
$E_2(1,0)$	$(c - s_{c2})(p - \Delta s_{g(2-1)})$	$c - s_{c2} - \Delta s_{g(2-1)} + p$
$E_3(0,1)$	$p(c - s_{c1})$	$s_{c1} - c + p$
$E_4(1,1)$	$p\Delta s_{g(2-1)}(c - s_{c1})$	$(c - s_{c1}) - (p - \Delta s_{g(2-1)})$
$E_5\left(\dfrac{p}{\Delta s_{g(2-1)}}, \dfrac{s_{c2} - c}{\Delta s_{c(2-1)}}\right)$	$p\left(1 - \dfrac{p}{\Delta s_{g(2-1)}}\right)(c - s_{c2})\left(1 - \dfrac{s_{c2} - c}{\Delta s_{c(2-1)}}\right)$	0

当 det $j > 0$，tr$j < 0$ 时，均衡点为演化稳定策略（ESS）。通过分析参数 c 与 s_{c1}、s_{c2} 的关系以及 p 与 s_{g_1}、s_{g_2} 的关系，得到 9 种不同参数条件下有 4 种参数情形存在演化稳定策略（表 3.3）。

表 3.3　不同参数条件下复制动态系统的演化稳定策略

情形	参数关系	演化稳定策略	相位图
1	$s_{c1} < c < s_{c2}$，$\Delta s_{g(2-1)} > p$	$E_2(1,0)$	图 3.3(a)
2	$c < s_{c1} < s_{c2}$，$\Delta s_{g(2-1)} > p$	$E_2(1,0)$	图 3.3(b)
3	$s_{c1} < s_{c2} < c$，$\Delta s_{g(2-1)} > p$	无	无
4	$s_{c1} < c < s_{c2}$，$0 < \Delta s_{g(2-1)} < p$	无	无
5	$c < s_{c1} < s_{c2}$，$0 < \Delta s_{g(2-1)} < p$	无	无
6	$s_{c1} < s_{c2} < c$，$0 < \Delta s_{g(2-1)} < p$	无	无
7	$s_{c2} < c < s_{c1}$，$\Delta s_{g(2-1)} < 0$	$E_4(1,1)$	图 3.3(c)
8	$c < s_{c2} < s_{c1}$，$\Delta s_{g(2-1)} < 0$	$E_4(1,1)$	图 3.3(d)
9	$s_{c2} < s_{c1} < c$，$\Delta s_{g(2-1)} < 0$	无	无

由表 3.3 和图 3.3 可得以下结论:

(1)在突发性能源短缺的长期博弈过程中,政府和能源供应链企业两个主体的长期演化稳定策略受到能源供应链企业应急成本 c 和协同收益 s_{c1}、s_{c2} 三者之间的关系以及政府协同收益 s_{g1}、s_{g2} 和政府惩罚力度 p 三者之间的关系影响,如何把握突发性能源短缺应急博弈系统的演化方向,需要考虑能源供应链企业的应急成本、政府的惩罚力度和两个主体之间的协同度三个影响因素。

(2)比较 1、2 和 3 三种情形可知,当能源供应链企业的积极应对的响应成本较低或者获得的协同收益较高,政府采取免除惩罚策略的协同收益较高时,能源供应链企业经过长期反复的博弈最终会积极应对突发性能源短缺,政府经过长期反复的博弈最终不会对能源供应链企业进行惩罚。比较 7、8 和 9 三种情形可知,当能源供应链企业的积极应对响应成本较低或者获得的协同收益较高,政府采取给予惩罚策略的协同收益较高时,能源供应链企业经过长期反复的博弈最终会积极应对突发性能源短缺,政府经过长期反复的博弈最终会对能源供应链企业进行惩罚。

(3)由(2)的比较可得,只有当能源供应链企业在突发性能源短缺应急响应过程中积极应对的成本较低或协同收益较高时,博弈系统才有可能存在演化稳定策略,即能源供应链企业能够在长期的博弈过程中最终一直选择积极应对策略,因此降低能源供应链企业的应急成本或提高协同收益是改变中国能源应急过度依赖政府力量现状的关键所在。

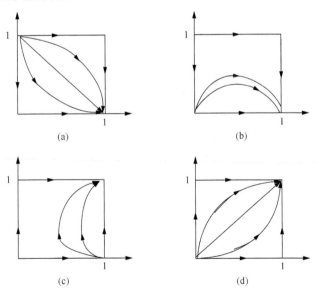

(a)　　　　　　　　　　　(b)

(c)　　　　　　　　　　　(d)

图 3.3　情况 1、2、7 和 8 的复制动态系统演化相位图

（4）当前中国能源应急过程中能源供应链企业普遍采取消极应对策略可能的原因是：①当参数之间的关系属于1、2、7或8四种情形之一时，能源供应链企业与政府两个主体的应急效率低下，在能源应急过程结束时系统的博弈尚未达到长期稳定状态，政府和能源供应链企业需要提高其能源应急效率，使博弈系统尽快达到长期均衡状态，能源供应链企业能够积极参与突发性能源短缺应急响应。②当参数之间的关系属于4、5或6三种情形之一，政府需要调整其惩罚力度或者提高应急主体间的协同度，增加协同收益，以改变参数之间的关系，使系统主体间的博弈朝1、2、7或8四种情形方向发展，提高能源供应链企业采取积极应对策略的可能。③当参数之间的关系属于3或9两种情形之一，能源供应链企业积极应对成本较高或协同收益较低，导致系统在该情形下不存在长期演化稳定策略，能源供应链企业可降低其应对成本或者政府和能源供应链企业提高其应急协同度，增加协同收益，改变参数关系，使系统主体间的博弈朝1、2、7或8情形方向发展，提高能源供应链企业采取积极应对策略的可能性。

3.3　本章小结

运用演化博弈理论对能源供应链企业和政府两个主体在突发性能源短缺应急过程中的博弈行为策略进行了研究，通过分析参数 c、s_{c1} 和 s_{c2}，p、s_{g_1} 和 s_{g2} 之间的 9 种关系，得到 4 种情形的博弈系统存在长期演化稳定策略，从上面的分析可以看出：

（1）降低能源供应链企业的应急成本，能够使博弈系统存在长期稳定策略，增加其积极应对策略的可能性；

（2）能源供应链企业和政府两个主体提高在突发性能源短缺应急过程中的协同性，能够产生更高的协同收益，使博弈系统存在长期稳定策略，提高能源供应链企业采取积极应对策略的概率，建立应急法律体系、完善应急预案、加强应急演练，有助于提高应急响应中的协同性；

（3）政府在能源应急过程中要根据其与能源供应链企业之间的协同程度调控其惩罚力度，使系统之间的博弈演化趋于1、2、7或8情形，提高能源供应链企业选择积极应对策略的概率。

第4章　中国与IEA应急合作演化博弈分析

石油应急合作是指各成员国为降低突发性石油短缺风险和减轻损失，采取的一系列联合行动方式。IEA的应急合作主要体现在发生突发性石油短缺时，成员间的应急响应集体行动。例如，2005年9月2日的卡特里娜飓风导致石油市场发生波动，IEA宣布在一个月的时间里向市场投放约6000万桶石油。2011年，为了应对利比亚轻质原油供应中断，28个成员国一致同意向市场投放6000万桶石油储备，集体行动在一定程度上保证了市场上的石油供给，稳定了油价[61]。

一些学者对中国参与国际能源合作进行了分析[62, 63]。Graaf和Causevic指出，从IEA的利益来看，中国成为IEA成员国利大于弊[64, 65]。Odgaard分析发现，随着中国石油供应短缺风险加大，中国参与国际能源合作的积极性将不断提高[66]。演化博弈是在传统博弈论与生物演化的基础上，产生的一种新兴博弈分析方法[67]，其在动态演进、有限理性等多方面，是对传统经济学静态分析、完全理性假设的突破与发展[68, 69]。

根据中国与IEA石油应急合作的特性，本章构建了石油应急合作的演化博弈模型，应用数值模拟的方法考察了中国与IEA石油应急合作的策略演进过程。在构建演化博弈模型时，首先考虑到应急合作的收益不仅取决于各方因合作得到的收益绝对值，还与各自遭遇突发性石油短缺的风险大小密切相关；其次考虑到当发生国际性石油短缺时应急合作的正外部性尤为明显，模型中加入了"搭便车"收益。

4.1　基　本　假　设

假设中国与IEA信息交流不对称，发展阶段存在差异，需经历长期学习调整才可形成稳定的策略。在现有石油市场体系下，博弈双方可以自行决策是否选择进行石油应急合作。双方的行为策略空间为(合作，不合作)，简记为(Y, N)。按照发生区域和影响范围可将突发性石油短缺划分为国内石油短缺与国际性短缺两大类。当发生国际性短缺时，获得的"搭便车"收益要更为明显。因采取应急合作措施可以平衡国际石油市场供需，稳定油价。不合作的一方未付出成本，却避免了短缺造成的损失。然而当发生国内石油短缺时，不参与合作很难获得帮助。因此将按照发生国际性石油短缺与国内石油短缺两种情形讨论。

本章所用的符号含义如下：p_1、p_2分别为IEA国家和中国遭遇国际石油短缺的概率，$0 \leqslant p_1 \leqslant 1$，$0 \leqslant p_2 \leqslant 1$；$p_1'$、$p_2'$ 分别为遭遇国内石油短缺的概率，$0 \leqslant p_1' \leqslant 1$，$0 \leqslant p_2' \leqslant 1$；$R_1$、$R_2$ 分别为双方在市场稳定时期石油消费得到的收益，r_1、r_2 分别为发生危机时的收益，$R_1 \geqslant r_1 \geqslant 0$，$R_2 \geqslant r_2 \geqslant 0$；$e_1$、$e_2$ 分别为双方选择进行石油应急合作在危机时得到的收益补偿，$e_1 > 0$，$e_2 > 0$；c_1、c_2 分别为选择进行合作需付出的成本，$c_1 > 0$，$c_2 > 0$；$\pi_{\alpha\beta1}$、$\pi_{\alpha\beta2}$ 分别为发生国际性石油短缺，策略组合为 $(\alpha，\beta)$ 时 IEA 和中国的收益，$\pi_{\alpha\beta1}'$、$\pi_{\alpha\beta2}'$ 分别为发生国内石油短缺时各方收益，$\alpha = Y$，N，$\beta = Y$，N；T_1、T_2 分别为双方获得的"搭便车"收益。

4.2　演化博弈分析

4.2.1　国际性石油短缺应急合作的博弈分析

1. 不同策略组合下各自收益函数

(1)选择策略为(N，N)时各自的平均收益函数为

$$\pi_{NN1} = (1 - p_1)R_1 + p_1r_1 \tag{4.1}$$

$$\pi_{NN2} = (1 - p_2)R_2 + p_2r_2 \tag{4.2}$$

(2)选择策略为(Y，N)时各自的平均收益函数为

$$\pi_{YN1} = (1 - p_1)R_1 + p_1r_1 + p_1e_1 - c_1 \tag{4.3}$$

$$\pi_{YN2} = T_2 \tag{4.4}$$

(3)选择策略为(N，Y)时各自的平均收益函数为

$$\pi_{NY1} = T_1 \tag{4.5}$$

$$\pi_{NY2} = 1(1 - p_2)R_2 + p_2r_2 + p_2e_2 - c_2 \tag{4.6}$$

(4)选择策略为(Y，Y)时各自的平均收益函数为

$$\pi_{YY1} = (1 - p_1)R_1 + p_1r_1 + p_1e_1 - c_1 \tag{4.7}$$

$$\pi_{YY2} = (1 - p_2)R_2 + p_2r_2 + p_2e_2 - c_2 \tag{4.8}$$

假设 $\pi_{NY1} > \pi_{NN1}, \pi_{NY2} > \pi_{NN2}$，即"搭便车"时的收益要高于各方均不选择合作时的收益。从而建立相应的支付矩阵，如表 4.1 所示。

表 4.1　博弈双方收益矩阵

IEA 成员国	中国	
	Y	N
Y	π_{YY1}，π_{YY2}	π_{YN1}，π_{YN2}
N	π_{NY1}，π_{NY2}	π_{NN1}，π_{NN2}

2. 演化过程中的平衡点

IEA 选择合作的概率为 x，不合作的概率为 $1-x$。中国选择合作的概率为 y，不合作的概率为 $1-y$，t 为时间。其中 $0 \leqslant x \leqslant 1$，$0 \leqslant y \leqslant 1$。

对于 IEA 而言，采用合作策略的适应度为

$$\mu_{Y1} = y \cdot \pi_{YY1} + (1-y)\pi_{YN1} \tag{4.9}$$

而采用不合作策略的适应度为

$$\mu_{N1} = y \cdot \pi_{NY1} + (1-y)\pi_{NN1} \tag{4.10}$$

平均适应度为

$$\overline{\mu}_1 = x\mu_{Y1} + (1-x)\mu_{N1} \tag{4.11}$$

IEA 选择合作策略的复制动态方程为

$$\hat{x} = \mathrm{d}x / \mathrm{d}t = x(\mu_{Y1} - \overline{\mu}_1) = x(1-x)\left[p_1 e_1 - c_1 - y(T_1 - (1-p_1)R_1 - p_1 r_1) \right] \tag{4.12}$$

同理可得，中国选择合作的复制动态方程：

$$\hat{y} = \mathrm{d}y / \mathrm{d}t = y(\mu_{Y2} - \overline{\mu}_2) = y(1-y)\left[p_2 e_2 - c_2 - x(T_2 - (1-p_2)R_2 - p_2 r_2) \right] \tag{4.13}$$

联立式 (4.12) 与式 (4.13)，可得一个二维动力系统 (I)，即

$$\begin{cases} \hat{x} = \mathrm{d}x / \mathrm{d}t = x(\mu_{Y1} - \overline{\mu}_1) \\ \hat{Y} = \mathrm{d}y / \mathrm{d}t = y(\mu_{Y2} - \overline{\mu}_2) \end{cases} \tag{4.14}$$

令 $\hat{x} = 0$；$\hat{y} = 0$，得系统 (I) 的局部均衡点为 (0, 0)、(0, 1)、(1, 0)、(1, 1)。当 $c_1 / e_1 < p_1 < (T_1 + c_1)/(e_1 + R_1 - r_1)$、$c_2 / e_2 < p_2 < (T_2 + c_2)/(e_2 + R_2 - r_2)$ 时，(x_0, y_0) 为均衡点，其中 $x_0 = (p_2 e_2 - c_2)/(T_2 - (1-p_2)R_2 - p_2 r_2)$，$y_0 = (p_1 e_1 - c_1)/(T_1 - (1-p_1)R_1 - p_1 r_1)$。为了便于以下分析，令 $\theta_1 = c_1 / e_1$，$\theta_2 = c_2 / e_2$，$\eta_1 = (T_1 + c_1)/$

$(e_1 + R_1 - r_1)$, $\eta_2 = (T_2 + c_2)/(e_2 + R_2 - r_2)$, $\delta_1 = p_1 e_1 - c_1$, $\delta_2 = p_2 e_2 - c_2$, $\upsilon_1 = T_1 - (1 - p_1) R_1 - p_1 r_1$, $\upsilon_2 = T_1 - (1 - p_1) R_1 - p_1 r_1$ 。

3. 局部稳定性分析

由 Friedman[67]的方法计算得，随着博弈双方遭遇国际性短缺风险的增大，系统(I)的演化稳定结果可分为下列 5 种情形(表 4.2)。

表 4.2　不同国际性短缺风险下的稳定策略

情形	风险范围	演化稳定策略	说明
1	$0 < p_1 < \theta_1$, $0 < p_2 < \theta_2$	(0, 0)	双方均无合作意愿
2	$\theta_1 < p_1 < \eta_1$, $0 < p_2 < \theta_2$	(1, 0)	IEA 选择合作，中国选择不合作
3	$0 < p_1 < \theta_1$, $\theta_2 < p_2 < \eta_2$	(0, 1)	IEA 选择不合作，中国选择合作
4	$\theta_1 < p_1 < \eta_1$, $\theta_2 < p_2 < \eta_2$	(1, 0)或(0, 1)	一方选择合作，另一方选择"搭便车"
5	$p_1 < \eta_1$, $p_2 > \eta_2$	(1, 0)	双方均有合作意向

由上表可以得到 IEA 和中国是否进行合作与各自遭受石油短缺风险的大小密切相关。随着世界石油市场不确定因素增加，IEA 和中国最终会实现有效合作。

4. 情形 4 参数变换对均衡结果的影响

当 IEA 成员国和中国发生短缺的风险增加到 $\theta_1 < p_1 < \eta_1$ ， $\theta_2 < p_2 < \eta_2$ 时，稳定策略有两种可能的结果，最终会达到哪种均衡与博弈双方初始合作意愿和收益矩阵有密切的关系[68]。系统具体收敛到哪个状态，与临界线分割成的两区域面积的大小有关，面积越大，收敛到该区域均衡点的可能性就越高。如图 4.1 所示，以 (0, 0)，(1, 1) 以及 (x_0, y_0) 连接成的折线为界，临界线左上方的面积定义为 S_1，右下方的面积定义为 S_2。

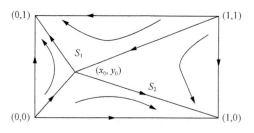

图 4.1　$\theta_1 < p_1 < \eta_1$ ， $\theta_2 < p_2 < \eta_2$ 时相位图

(1) 当 IEA 合作付出的成本 c_1 减小，中国合作付出的成本 c_2 增大时，系统收敛到(1, 0)的可能性增加，即 IEA 选择合作、中国选择不合作的概率增加。

证明：S_2 分别对 c_1、c_2 求偏导，得 $\partial S_2 / \partial c_1 < 0$ ， $\partial S_2 / \partial c_2 < 0$ ，因此当 c_1 减少、c_2 增大时，S_2 变大，即(I)收敛于(1, 0)的可能性增大。这表明当博弈一方选

择合作付出的成本不断降低而另一方成本仍处于较高水平时，随着成本的降低可从合作中得到的收益会不断增加，因此成本降低的一方更倾向于选择合作而成本处于较高水平的一方合作意愿不强烈。

　　IEA 历经 40 多年的发展，在石油储备、信息系统建设方面已较为成熟。目前 IEA 在石油应急方面的投入主要为维护更新已有系统的成本。而中国石油应急体系的建设起步较晚，中国若履行《IEP 协定》规定的石油应急义务，所付出的成本将会不断提高。在这样的情况下中国进行石油应急合作的意愿并不强烈。为了解决这一矛盾，IEA 近年来积极帮助中国建立石油数据系统，培训石油统计人员和向中国介绍石油应急方面的有关经验等，降低中国参与石油应急合作的成本。

　　(2) 当 IEA 参与石油应急合作的收益补偿 e_1 上升，而中国参与石油应急合作得到的收益补偿 e_2 下降时。系统收敛到 (1, 0) 的可能性增加，即 IEA 选择合作、中国选择不合作的概率增加。

　　证明：S_2 分别对 e_1、e_2 求偏导，得 $\partial S_2 / \partial e_1 > 0$，$\partial S_2 / \partial e_2 < 0$，因此当 e_1 增大，e_2 减小时，S_2 变大，即 (I) 收敛于 (1, 0) 的可能性增大。这表明通过长期的沟通、学习，危机发生时从合作中得到的补偿越大的一方，合作的意愿也就越强烈。而相应的合作带来的收益补偿偏低的一方，合作意愿较小。

　　1978 年为应对第二次石油危机，IEA 启动了其应急数据系统，到 2011 年为了应对利比亚轻质原油供应中断，采取集体行动，IEA 共对五次大规模石油中断采取了应急响应措施。随着 IEA 应急体系的完善和应急经验的积累，其集体行动的效率与效果正在不断提升。即 IEA 可以在发生短缺时得到收益补偿不断提高，这使得 IEA 更加愿意参与应急合作增加自身能源安全。

　　(3) 在市场正常运转时，IEA 从石油消费中所取得的收益 R_1 越高，中国取得的收益 R_2 越低时，系统收敛到 (1, 0) 的可能性增加，即 IEA 选择合作、中国选择不合作的概率增加。在发生石油供应中断时，IEA 所取得的收益 r_1 越高，中国取得的收益 r_2 越低时，系统收敛到 (1, 0) 的可能性增加。

　　证明：证明：S_2 分别对 R_1、R_2 求偏导，得 $\partial S_2 / \partial R_1 > 0$，$\partial S_2 / \partial R_2 < 0$，因此当 R_1 增大，R_2 减小时，S_2 变大，即 (I) 收敛于 (1, 0) 的可能性增大。同理可证 $\partial S_2 / \partial r_1 > 0$，$\partial S_2 / \partial r_2 < 0$，因此当 r_1 增大，r_2 减小时，S_2 变大，即 (I) 收敛于 (1, 0) 的可能性增大。这表明无论在危机时还是在市场稳定时，博弈一方石油消费带来的收益越多，参与应急合作的意愿越强烈，而石油消费带来的收益较少时，参与合作意愿将降低。

　　石油消费带来的收益越大，反映石油在能源消费中占的比例越大。而石油在能源消费中的比例与一国经济发展阶段有着密切关系。随着中国发展进入新阶段，国民经济增长对石油消费依赖加深。国家统计局公布的数据显示，2005～2014 年，中国 GDP 增长 9.83%，石油消费平均增速达到 5.16%。因此一旦发生突发性石油短缺，将会对中国经济发展带来巨大冲击。在这样的背景下，中国提出了"走出去战略”、"一带一路战略"等一系列国家战略，不断加强中国国际能源合作交流。

（4）当 IEA 从"搭便车"策略中获得的收益 T_1 越大，中国从"搭便车"策略中获得的收益 T_2 越小时，系统收敛到（1，0）的可能性增加，即 IEA 选择合作、中国选择不合作的概率增加。

证明：S_2 分别对 T_1、T_2 求偏导，得 $\partial S_2 / \partial T_1 < 0$，$\partial S_2 / \partial T_2 > 0$，因此当 T_1 越小，T_2 越大时，S_2 变大，即（I）收敛于（1，0）的可能性增大。这表明在发生国际性石油危机时，当"搭便车"收益越大，参与合作意愿越低。但当"搭便车"收益越小时，各方更愿意通过合作，提高自身石油供应的安全性。系统向着"搭便车"收益较低的一方选择合作，"搭便车"收益较高的一方选择不合作的方向演进。

4.2.2　国内石油短缺应急合作博弈分析

当发生国内石油短缺时，为方便讨论可假设："搭便车"收益为零；选择合作的一方只付出成本，未取得收益补偿。则选择策略（Y，Y）与（N，N）各方收益不变，而选择策略（Y，N）与策略（N，Y）时各方的收益函数为

$$\pi'_{\mathrm{YN1}} = (1 - p_1)R_1 + p_1 r_1 - c_1 \tag{4.15}$$

$$\pi'_{\mathrm{YN2}} = (1 - p_2)R_2 + p_2 r_2 \tag{4.16}$$

$$\pi'_{\mathrm{NY1}} = (1 - p_1)R_1 + p_1 r_1 \tag{4.17}$$

$$\pi'_{\mathrm{NY2}} = (1 - p_2)R_2 + p_2 r_2 - c_2 \tag{4.18}$$

通过如上所述的演化博弈分析过程得到情形 6，当博弈双方国内发生短缺的概率均增加时 $c_1 / e_1 < p'_1 < 1, c_2 / e_2 < p'_2 < 1$，系统的 ESS 为（1，1）和（0，0）。当发生国内石油短缺的概率增大时，双方更倾向采取一致行动，共同合作或均不合作是演化的稳定策略。当发生国内石油短缺时，选择不合作策略无法获得有效帮助，博弈双方此时均无"搭便车"动机。参数变化对均衡结果的影响与情形 4 相同。

4.3　数值模拟分析

发生国际性短缺的风险为 $\theta_1 < p_1 < \eta_1$，$\theta_2 < p_2 < \eta_2$ 以及发生国内短缺概率为 $c_1 / e_1 < p'_1 < 1, c_2 / e_2 < p'_2 < 1$，这两种情形下，系统的稳定策略均有两种可能的结果。数值模拟这两种情形，分析博弈双方初始意愿对均衡结果的影响。

4.3.1　情形 4 的演化过程

为排除其他因素的干扰，假设 $(x_0, y_0) = (0.5，0.5)$，$p_1 = p_2 = 0.6$，考虑到目前

博弈双方石油应急体系的建设存在差异，假设 e_1=4，c_1=0.4，T_1=13，R_1=15，r_1=5，e_2=2，c_2=0.2，T_2=9，R_2=10，r_2=5。如图 4.2 所示，当初始值分别为(0.2，0.2)、(0.3，0.3)、(0.4，0.4)即博弈双方初始合作意愿均较低时，系统朝(1，0)的方向演进，最终均衡策略为 IEA 选择合作、中国选择不合作；当初始值分别为(0.6，0.6)、(0.7，0.7)、(0.9，0.9)即博弈双方初始合作意愿均较高时，系统朝着(0，1)的方向演进，最终均衡策略为 IEA 选择合作、中国选择不合作。如图 4.3 所示，初始值分别为(0.8，0.2)、(0.8，0.3)、(0.8，0.4)即 IEA 初始合作意愿很高、中国初始合作意愿较低时，系统朝(1，0)的方向演进，最终均衡策略为 IEA 选择合作、中国选择不合作。反之，当 IEA 初始合作意愿很低、中国初始合作意愿较高时，最终均衡策略为 IEA 选择不合作，中国选择合作。

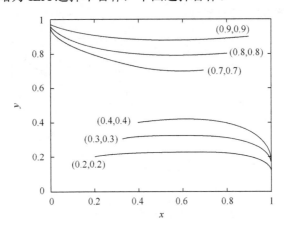

图 4.2　初始合作意愿在同一水平时的仿真图(情形 4)

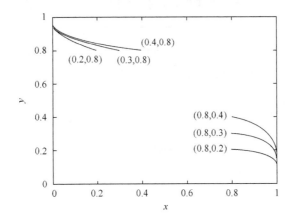

图 4.3　初始合作意愿差距显著的仿真图(情形 4)

4.3.2　情形 6 的演化过程

同理假设 $(x_0, y_0) = (0.5, 0.5)$，$p_1 = p_2 = 0.6$，$e_1 = 4$，$c_1 = 0.1$；$e_2 = 2$，$c_2 = 0.6$。如图 4.4 所示，初始值分别为 (0.1，0.1)、(0.2，0.2)、(0.3，0.3) 即博弈双方初始合作意愿均较低时，系统朝着 (0，0) 的方向演进，最终双方合作无法达成。初始值分别为 (0.6，0.6)、(0.7，0.7)、(0.8，0.8) 即博弈双方初始合作意愿均较高时，系统朝 (1，1) 的方向演进，最终双方合作达成。如图 4.5 所示，当博弈双方初始合作意愿差距较大时，最终博弈的均衡策略并不确定，最终双方合作有可能达成也有可能无法达成。但当中国初始合作意愿较大时 [(0.2，0.8)，(0.3，0.8)]，双方达成合作的可能性更大；当中国初始合作意愿不强烈时 [(0.8，0.1)，(0.8，0.2)]，双方无法达成合作的可能性更大。

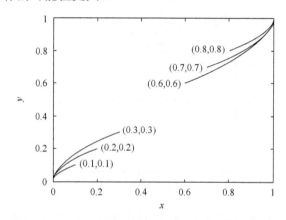

图 4.4　初始合作意愿在同一水平时的仿真图 (情形 6)

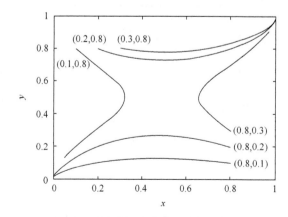

图 4.5　初始合作意愿差距显著的仿真图 (情形 6)

在遭遇短缺风险、获得收益、付出的成本确定的情况下，博弈双方的初始合作意愿对均衡结果有显著影响。通过以上数值模拟发现，在发生国际性短缺的风险达到一定水平时，随着中国参与合作的初始意愿不断增强，最终的均衡结果将由 IEA 选择合作、中国选择不合作朝着 IEA 选择不合作、中国选择合作的方向发展。在发生国内短缺的风险达到一定水平时，随着中国参与合作的初始意愿不断增强，最终达成一致合作的可能性增加。

4.4　本 章 小 结

本章构建了中国与 IEA 石油应急合作的演化博弈模型，分析了双方石油应急合作的行为策略。得到以下结论：

(1) IEA 和中国是否进行合作与各自遭受石油短缺风险的大小密切相关，世界石油市场不确定因素的增加，会促进 IEA 和中国的石油应急合作。

(2) 履行《IEP 协定》规定的石油应急义务所付出的成本，对博弈双方合作策略选择有重要影响，付出成本越低，越倾向于参与合作。由于石油应急发展阶段不同，目前 IEA 成员国履行合作义务付出的成本低，应急体系运行更加有效率，因此 IEA 参与合作的意愿更高。为提高中国参与合作的积极性，提高应急管理效率、降低应急成本是关键。

(3) 初始合作意愿对最终是否能达成合作有着重要影响，随着中国石油对外依存度的增加，中国初始合作意愿会变得强烈，双方合作的可能性会增大。

第5章 能源应急协同效率评价——以石油短缺为例

本章以石油供应链为切入点进行主体和影响因素的辨识，构建了突发性石油短缺应急协同网络，通过协同度及协同效率的计算，分析了协同网络构建的合理性和石油短缺应急中各主体的协同作用。

5.1 应急主体及其关联关系

5.1.1 应急主体类型

石油供应链是一个复杂的供应系统，任何一个环节发生问题，都能够直接或间接影响整个石油供应系统的运行。通过对石油供应链相关研究文献[70, 71]及美国相关能源应急法案[24~27]的分析，突发性石油短缺应急响应的主体包括政府主体、生产主体、运输主体、批发/销售主体、替代主体和公众主体。具体主体及影响因素见图5.1。

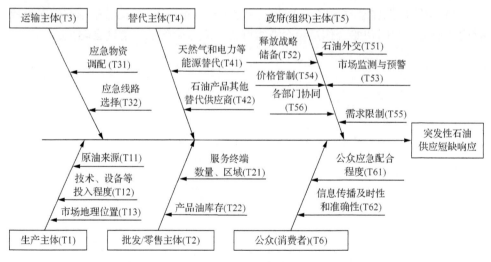

图 5.1 突发性石油短缺应急响应主体及影响因素

1. 政府主体

政府主体是指对石油应急具有领导、指挥、协调权利的相关政府部门。比如美国最高的能源应急部门是能源部直属的电力供应和能源可靠性办公室，而政府间的能源应急机构则为国际能源署。政府和相应组织的应急举措涉及石油外交、石油战略储备释放、市场监测与预警、需求限制、价格管制及各部门的协同。

2. 生产主体

生产主体从广义上讲是指石油行业，狭义上则指石油供应链中较为重要的石油重点生产企业。涉及生产主体的影响因素包括原油来源、设备和技术的投入程度及市场地理位置。

3. 运输主体

石油应急需要依靠各种调运方式完成，包括进口原油的运进方式(铁路、管道和油轮)、国内石油紧急调运的运输方式及路线等。运输系统是突发性石油短缺应急主体连接的纽带，通过该主体实现其他主体之间的应急协同。涉及运输主体的影响因素包括应急物流调配及线路选择。

4. 批发/销售主体

该主体主要涉及成品油的销售和流通环节，其大多表现为石油产品批发机构和终端加油站等形式。销售系统是继运输系统之后主体连接的又一纽带，石油产品通过批发/销售系统和运输主体到达企业、公众主体。涉及该主体的影响因素为服务终端数量、区域及产品库存。

5. 替代主体

在现有能源消费结构下，还没有真正意义上能够替代石油成为第一能源的资源。替代是指在石油短缺情况出现时其他形式的能源或石油供应商对能源短缺的一种缓冲。替代主体的影响因素主要分为天然气和电力等其他形式的能源替代和石油产品的替代供应商。

6. 公众主体

公众主体主要指石油消费者。石油产品短缺的最终影响将会延伸到消费者，而消费者由于信息接收的延迟和应急经验不足等造成的心理恐慌则会加剧石油短缺的发展。石油短缺应急中公众主体的影响因素主要是公众对于应急响应的配合程度和信息在公众间传播的及时性及准确性。

5.1.2　应急主体关联关系

由突发性石油短缺应急主体及影响因素之间的关系所构建主体关联关系如图 5.2 所示。其中涉及的 6 个协同主体和 17 个影响因素通过相互之间的因果关系，形成了一个复杂的关联关系网。以下主要对政府主体和运输主体为例进行介绍。

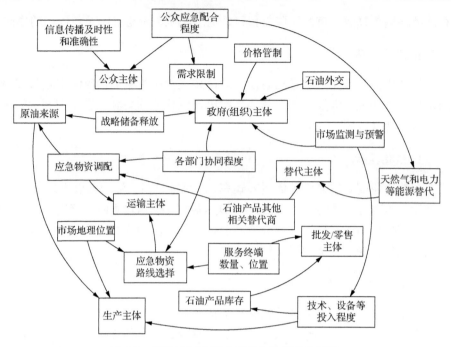

图 5.2　突发性石油短缺响应主体关联关系图

1. 政府通过监测及预警与石油生产主体和公众主体相关联

政府主体将市场监测与预警结果反馈给生产主体调整技术和设备等投入程度，从而影响石油品生产和库存，石油产品的生产和库存情况又影响市场的正常运行和政府的市场监测，从此形成循环。同时监测预警水平越高，公众主体传播信息的时效性和准确度越高。

2. 政府通过限制需求与公众主体相关联

需求限制是石油应急的重要举措，但是限制需求的承载体为公众，只有公众全力履行了限制需求措施，才能做到减少消费，缓解短缺。

3. 运输主体贯穿石油供应链

运输主体通过应急物资调配连接生产主体的原油来源、政府主体的各部门协同和战略石油储备释放及替代主体的石油产品替代商。而应急物资线路选择因素则受销售主体的服务终端位置、生产主体的市场地理位置和政府主体的各部门协同程度影响。

5.2　应急协同效率计算

突发性石油短缺应急响应的各主体及影响因素之间的协同程度在某种意义上具备社会网络的特征。本章从社会网络角度对突发性石油短缺应急协同加以研究。假设石油应急主体 T_i 中存在若干影响因素 T_{ij}，C_{ijq} 表示影响因素 T_{ij} 在协同网络中的连接路径，即为该影响因素的绝对度数中心度。C_{iq} 则为处于应急协同状态的 T_{ij} 个数，C_{if} 为未处于应急协同状态的 T_{ij} 个数，C_i 为主体 T_i 的影响因素总数，即 $C_i = C_{iq} + C_{if}$，石油短缺应急响应中影响因素总个数 $N=C_1+C_2+\cdots+ C_i+\cdots C_n$。其中，$n$ 为应急主体总个数。

5.2.1　协同矩阵的表示

突发性石油短缺应急主体影响因素之间的协同程度可用协同矩阵来表示，协同矩阵汇总的各元素为 "0" 或 "1"。其中 "0" 代表选取的两个因素之间无协同响应，即没有协同路径；"1" 则表示该两元素处于协同状态，存在协同路径。协同矩阵表示如下：

$$\varepsilon = \begin{vmatrix} \mu_{11} & \mu_{12} & \cdots & \mu_{1j} & \cdots & \mu_{1n} \\ \mu_{21} & \mu_{22} & \cdots & \mu_{2j} & \cdots & \mu_{2n} \\ \cdots & \cdots & \cdots & \cdots & \cdots & \cdots \\ \mu_{i1} & \mu_{i2} & \cdots & \mu_{ij} & \cdots & \mu_{in} \\ \cdots & \cdots & \cdots & \cdots & \cdots & \cdots \\ \mu_{n1} & \mu_{n2} & \cdots & \mu_{nj} & \cdots & \mu_{nn} \end{vmatrix}$$

其中，$\mu_{ij} = \begin{cases} 1 & i、j处于协同状态且 i \neq j \\ 0 & i、j无协同且 i \neq j \end{cases}$

5.2.2　基于熵值的主体及影响因素协同计算

1. 响应协同度

本章借用社会网络的度数中心度概念来表示各协同主体及影响因素在石油应急响应过程中的直接影响力。其中绝对度数中心度越大，表明该节点的影响力越大，而相对度数中心度则为绝对度数中心度的标准化，用来表示因素在执行应急响应过程中与其他参与因素协同度。影响因素 T_{ij} 的协同度：

$$C_{ijd} = \frac{C_{ijq}}{N-1} \tag{5.1}$$

主体 T_i 的协同度：

$$C_{ij} = \frac{\sum C_{ijd}}{C_i} \tag{5.2}$$

2. 响应协同熵

协同熵用来表示各应急主体和影响因素在协同过程中的有效能转换效率下降、无效能耗增加这一不可逆过程的系统状态系数[72]。熵值越小，应急响应协同性越好。H_1 为协同响应因素 T_{ij} 的协同熵，H_{iif} 为非协同响应因素 T_{ij} 的协同熵；H_{iq} 为协同响应主体 T_i 的协同熵，H_{if} 为该主体非协同状态下的协同熵。借用 Wu 结构熵[73]表示各影响因素的协同熵：

$$H_{ijq} = -C_{ijd} \log C_{ijd} \tag{5.3}$$

$$H_{ijf} = -(1 - C_{ijd}) \log(1 - C_{ijd}) \tag{5.4}$$

$$H_{iq} = \sum H_{ijq} \tag{5.5}$$

$$H_{if} = \sum H_{ijf} \tag{5.6}$$

3. 响应协同效率

H_{ijq} 和 H_{ijf} 等熵值反映影响因素间协同的偏离程度，这里引用协同效率表示主体及影响因素之间整体的协调程度。影响因素的协同效率：

$$R_c = 1 - \frac{H_{ijq}}{H_{ijq} + H_{ijf}} \tag{5.7}$$

R_c 越大，表明应急过程中各影响因素越协调。当 $C_{ij} = 1$ 时，所有影响因素均处于协同状态，$R_c = 1$。主体的协同效率计算依此类推。

5.2.3　协同网络检验计算

网络异质性是对网络中节点分布均匀程度的一种度量[74]，用来检验应急主体及影响因素在协同网络的分布均匀程度，从而验证网络构建的合理性。研究表明，网络结构熵和网络基尼系数两个指标较度分布及度分布熵指标，可更加精确简洁地度量网络的异质性[75, 76]。

1. 协同网络结构熵

网络结构熵越大，说明网络间因素差异越小，网络越均匀；标准网络结构熵取值为 0～1，标准网络结构熵越大，表明网络异质性越小，网络连通性越好[75]。网络结构熵为

$$E = -\sum_{i=1}^{N} \frac{C_{ijq}}{\sum C_{ijq}} \ln \left(\frac{C_{ijq}}{\sum C_{ijq}} \right) \tag{5.8}$$

其中，N 为网络的节点总数，$E_{max} = \ln N$，$E_{min} = \frac{1}{2}\ln 4(N-1)$。

标准网络结构熵为

$$\overline{E} = \frac{E - E_{min}}{E_{max} - E_{min}} \tag{5.9}$$

2. 协同网络基尼系数

基尼系数在国际上被广泛用来衡量一个国家的政策效应和收入分配不均等的程度。这里借用王林等[77]学者提出的网络基尼系数概念，用来衡量网络节点度值的分布不均匀程度。计算公式为

$$G = \sum_{i=1}^{\left[\frac{N}{2}\right]} (\frac{N+1}{2} - i)(d_{N+1-i} - d_i) \Bigg/ \frac{N}{2} \sum_{i=1}^{N} d_i \tag{5.10}$$

其中，G 为网络基尼系数；N 为网络中节点个数，$d_1 < d_2 < \cdots d_N$ 为网络中节点经过排序的各影响因素 T_{ij} 的度值，$\left[\frac{N}{2}\right]$ 为不超过 $\frac{N}{2}$ 的最大整数。

5.3　实例应用

5.3.1　协同网络构建背景介绍

本节以 2005 年美国卡特里娜飓风造成的突发性石油短缺应急响应过程为例，进行了响应主体协同效率研究。相关主体及主体表现如表 5.1 所示。

表 5.1　美国卡特里娜飓风造成的石油短缺中各个相关主体及主体表现

相关主体	主体表现
生产主体	1. 飓风登陆前两天墨西哥湾石油减产 1/3 以上,登陆后当地原油生产的 95%、天然气生产的 88% 被迫中断,另外相当于全国 1/6 炼油能力的 11 家炼化厂被完全关闭; 2. 该地区后续遭受"丽塔"飓风严重影响,截至 2006 年 1 月 9 日,墨西哥湾地区约 73%的石油和 89%的天然气恢复生产
批发/零售主体	初期灾区石油供应严重不足,应急所需的燃料分配等无法得到满足;后期政府通过释放原油储备等形式增加了石油产品供应,该主体进行产品周转协调
运输主体	1. 飓风登陆后导致路易斯安那海上石油港口关闭,超过 10%的国家进口原油通道被切断; 2. 应急管理局及相关政府在对物资进行紧急调配时,初期无法实现物资集结地对救灾资源的需求,后来各部门进行了物资和路线调运协调
替代主体	1. 飓风导致路易斯安那等三州电力中断超 250 万户,天然气等能源基础设施破坏严重;石油短缺发生初期,美国州及联邦政府缺乏石油产品替代供应商; 2. 2005 年 8 月 31 日电力公司恢复全部电力,且其他州已开始命令公用事业公司动用后备电力供应;政府紧急寻找石油替代供应商
政府(机构)	1. 2005 年 8 月 29 日卡特里娜飓风第二次登陆时,联邦政府物资装备达历史最大规模; 2. 8 月 31 日布什总统同意释放石油战略储备,9 月 2 日 IEA 宣布启动协同应急计划;美国及 IEA 共向美国市场投放 6300 万桶石油; 3. 9 月 3 日各主要救援团队以较大规模进入灾区;9 月 5 日灾区恢复秩序;各部门成立协调小组; 4. 政府进行需求限制,截至 10 月底,石油节约用量 913 万桶; 5. 美国州应急协同办公室对石油价格和可用量进行监控
公众(消费者)	1. 灾后三天内公众得不到基本物资救援,新奥尔良市出现严重混乱,影响了救援进度; 2. 2005 年 9 月 6 日联合信息中心建立之前,联邦、州及地方官员发布的信息自相矛盾,引发公众混乱

5.3.2　协同矩阵及协同网络构建

根据卡特里娜飓风造成的石油短缺中各应急主体及影响因素的协同关系分析,将设置的主体及影响因素,参照协同矩阵的定义方式构建石油短缺应急主体协同矩阵,如表 5.2 所示。

表 5.2　2005 年美国卡特里娜飓风引起的石油短缺应急主体及影响因素协同矩阵

影响因素	T11	T12	T13	T21	T22	T31	T32	T41	T42	T51	T52	T53	T54	T55	T56	T61	T62
T11	0	0	0	0	0	1	0	0	0	1	1	0	1	0	1	0	0
T12	0	0	0	0	1	1	0	0	1	0	0	0	0	0	0	0	0
T13	0	0	0	0	0	0	1	0	0	0	0	0	0	0	0	0	0
T21	0	0	0	0	1	1	0	1	0	0	0	0	0	0	0	0	0
T22	0	1	0	0	0	1	1	0	1	0	1	0	0	0	0	0	0

续表

影响因素	T11	T12	T13	T21	T22	T31	T32	T41	T42	T51	T52	T53	T54	T55	T56	T61	T62
T31	1	1	0	1	1	0	1	1	1	1	1	0	0	0	1	0	0
T32	0	0	1	1	1	1	0	0	0	0	0	0	0	0	1	0	0
T41	0	0	0	0	0	1	0	0	0	0	0	0	0	1	1	1	0
T42	0	1	0	1	1	0	0	0	0	1	1	0	1	0	1	0	0
T51	1	0	0	0	0	1	0	0	0	0	1	1	1	0	0	0	0
T52	1	0	0	0	1	0	0	1	1	0	1	1	1	1	0	0	0
T53	0	0	0	0	0	0	0	1	1	1	0	0	1	1	0	0	0
T54	1	0	0	0	0	0	0	0	1	1	1	0	1	0	0	0	0
T55	0	0	0	1	1	0	0	1	0	0	1	1	1	0	0	1	0
T56	1	0	0	0	0	0	1	1	0	1	0	0	0	1	0	0	0
T61	0	0	0	0	0	0	0	1	1	0	0	0	0	1	0	0	1
T62	0	0	0	0	0	0	0	0	0	0	0	0	0	0	1	0	0

　　将表 5.2 带入社会网络分析软件 Ucinet 数据库[78]，自动生成石油短缺主体应急协同网络，如图 5.3 所示。

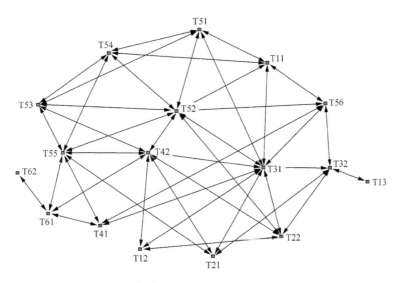

图 5.3　美国卡特里娜飓风引起的石油短缺应急协同网络

5.3.3　主体及影响因素协同效率计算及结果分析

　　根据式(5.1)～式(5.7)，对 2005 年美国卡特里娜飓风引起的突发性石油短缺应急协同网络中主体及影响因素的绝对度数中心度、协同度、协同熵及协同效率的计算如表 5.3 及表 5.4 所示。

表 **5.3**　突发性石油供应短缺应急主体影响因素的协同度及协同效率

影响因素	绝对度数中心度	协同度	协同熵	协同效率
T31	10	0.6250	0.1276	0.5560
T52	9	0.5625	0.1406	0.5277
T42	8	0.5000	0.1505	0.5000
T55	7	0.4375	0.1571	0.4723
T22	5	0.3125	0.1579	0.4148
T53	5	0.3125	0.1579	0.4148
T32	5	0.3125	0.1579	0.4148
T51	5	0.3125	0.1579	0.4148
T11	5	0.3125	0.1579	0.4148
T56	5	0.3125	0.1579	0.4148
T54	5	0.3125	0.1579	0.4148
T41	4	0.2500	0.1505	0.3837
T21	4	0.2500	0.1505	0.3837
T61	4	0.2500	0.1505	0.3837
T12	3	0.1875	0.1363	0.3496
T13	1	0.0625	0.0753	0.2588
T62	1	0.0625	0.0753	0.2588

表 **5.4**　突发性石油短缺应急主体协同度及协同效率

主体	协同度	协同熵	协同效率
生产主体	0.1875	0.3694	0.3640
批发/销售主体	0.2813	0.3084	0.4000
运输主体	0.4688	0.2854	0.4876
替代主体	0.3750	0.3010	0.4479
政府主体	0.3958	0.9291	0.4451
公众主体	0.1563	0.2258	0.3470

结果分析：

（1）首先对影响因素进行分析。分析结果显示该协同网络影响因素平均协同度为 0.3162，超过 76% 的影响因素协同度低于平均水平。此外平均协同效率为

0.4104，超过 35%的因素低于平均水平，而该次超过 4 个月的石油短缺也侧面证明了影响因素相互协调程度的低下；17 个影响因素中协同度超过 0.5 的仅为应急物资调配和战略石油储备释放，其协同效率最高，在整个协同网络中发挥重要作用；表现最差的是生产主体的市场地理位置和公众主体的信息传播及时性及准确性，其在应急过程中信息无序性和不确定性较大，从而协同效率最低；同时需注意成品油库存、市场监测与预警、应急路线选择、石油外交、原油来源、各部门协同及价格管制七大因素，这些因素较高的协同熵表明协同过程中无序性的增加导致了协同度和协同效率的下降。

(2)至于协同主体，由表 5.4 可知运输主体和政府主体的协同度最高，这和影响因素分析中协同程度最好的应急物资调配及战略石油储备释放相匹配；运输主体较低的协同熵和高的协同度使得协同效率最高，但政府主体受协同熵影响协同效率有所下降；公众主体的应急配合程度及信息传播及时性、准确性在协同网络中较低的协同效率也导致公众主体协同程度最低；生产主体后续又遭受丽塔飓风侵袭导致生产能力下降，从而在协同度和协同效率方面表现均较低；替代主体在协同过程中较小的协同熵使得主体协同效率较好，在一定程度上对石油短缺进行了有效缓解；而销售主体受协同度低影响，其协同效率表现也较差。总体来看六大参与主体平均协同度为 0.3108，平均协同效率为 0.4153，生产主体、批发/销售主体和公众主体的协同值均低于平均水平，故而使得石油协同应急网络整体协同效率偏差。而现实中美国对于 2005 年"卡特里娜"飓风造成的突发性石油短缺所采取的应急行为也很好地诠释了以上各应急主体的不协调。

5.3.4　协同网络结构熵及网络基尼系数

由表 5.5 可知，该主体协同网络的网络密度为 0.3125，表明各主体及影响因素之间联系并非非常紧密，即该协同网络中各主体的影响整体表现不尽如人意，而该次持续了 4 个月的石油危机也很好地说明了这一点；协同网络的网络结构熵为 2.7181，标准网络结构熵为 0.8472，表明网络存在一定程度异质性，但异质性较小，即该应急协同网络中影响因素分布较为均匀，该协同网络的构建较为合理；同时，该协同网络的网络基尼系数为 0.2462，介于 0.2～0.3，也证明了协同网络影响因素构建较为均匀，即突发性石油供应短缺应急响应主体及影响因素的选择较为合理，可以对现实中的短缺事件应对具有一定的参考价值。

表 5.5　突发性石油短缺应急协同网络计算结果

网络密度	网络结构熵	标准网络结构熵	网络基尼系数
0.3125	2.7181	0.8472	0.2462

5.4　本章小结

本章应用社会网络分析方法，将突发性石油供应短缺应急协同抽象为协同网络，根据建立的协同矩阵实现突发性石油短缺应急协同的定量分析和评价。分析结果表明本研究选取的突发性石油短缺应急协同主体及影响因素较为合理。通过对突发性石油短缺应急协同网络的计算，可得到协同网络中各影响因素的协同程度。协同程度较高的影响因素需要重点关注并进行完善，协同程度较低的影响因素要适当考虑及合理替代，从而提高突发性石油短缺应急协同能力。

第三篇　应急过程及建模仿真

第6章　能源短缺应急过程分析——以石油应急为例

虽然石油短缺具有突发性，诱发原因、参与主体、爆发的形式等有所不同，但是突发性石油短缺的发展变化过程却有一定的规律可循。突发性石油短缺有一个从孕育、发生、发展、高潮至最后消亡的过程。而这个过程中，突发性石油短缺受到政治、经济、社会和自然等环境相互作用的影响，并且突发性石油短缺与石油供应链紧密结合，一旦出现石油供应中断，事件会很快沿着石油供应链传播扩散出去，将引发其他事件的连锁反应，给整个社会带来难以预想的损失。

6.1　影响石油短缺应急过程演变的因素

突发性石油短缺会对石油市场及社会经济系统造成重大影响，其发生、发展、演变、恢复是各种因素共同作用的结果。根据当前灾害学中的相关理论：灾害发生的充分条件是致灾因子，其会直接或者间接诱发灾害；承灾体是放大或缩小灾害影响范围和损失多少的必要条件；孕灾环境是影响致灾因子和承灾体的背景条件[52]。从灾害学相关理论的角度分析突发性石油短缺的话，能够引发石油供应中断的各种突发事件，都可以看成是突发性石油短缺的致灾因素；石油供应链本身的承载能力影响短缺程度，承灾能力的强与弱会减小或增大突发性石油短缺的严重程度；突发性石油短缺的演化会受到与之有关联的自然、社会、政治、经济等外在环境因素的约束；政府方面和石油相关组织在应急干预方面的有效性会影响到石油中断恢复的快慢。因此，干预因素、致灾因子、承灾能力和孕灾环境构成了突发性石油短缺的动力因素体系，具体的影响因素如表6.1所示。

表 6.1　突发性石油短缺演化主要动力因素

序号	一级动力因素	二级动力因素
1	致灾因子	自然灾害事件
		地缘政治事件
		石油系统事故
		石油资源赋存
2	承灾能力	石油设施抗灾性
		石油对外依赖度
		石油需求弹性

序号	一级动力因素	二级动力因素
2	承灾能力	进口国购油行为
		石油价格
		石油进口量
		石油商业库存
3	干预因素	IEA 信息发布
		预警预防能力
		风险识别能力
		启动预案能力
		应急响应能力
		善后评估能力
4	孕灾环境	政治因素
		社会因素
		经济因素
		自然因素

6.1.1　致灾因素

致灾因子指能够引起石油供应出现中断的各种诱发事件(导火索事件)，一旦石油供应出现中断，石油短缺又作为新的致灾因子影响石油供应系统。一般情况下，诱发事件发生后石油的供应就会出现一定数量的短缺；随着诱发事件的发展，石油供应短缺数量会继续增加并达到峰值，之后供应中断量可能保持一定数量也可能变小。

按照诱发事件本身性质，突发性石油短缺可以分为自然灾害诱发(气象灾害、地质灾害、海洋灾害)、地缘政治事件诱发(突发战争、恐怖袭击、政治争端、罢工)和石油系统事故诱发(井喷、管道破裂、油库泄漏、油库火灾)三大类。例如2005 年卡特里娜飓风导致的突发性石油短缺，其发生就是由于自然灾害引起的；1973 年第一次石油危机是阿以战争引起的，1978 年第二次石油危机是伊朗国家内部革命引起的，1990 年第三次石油危机是海湾战争引起的，这些属于地缘政治事件引发。

按照突发事件影响石油供应系统的环节，可以分为生产中止、运输中断和需求激增三种类型。对于生产环节和运输环节，还可以细分为国际和国内两种情况。例如：第一次石油危机，阿以战争的爆发使得欧佩克国家对西方国家缩减生产和石油禁运，影响生产和运输环节；卡特里娜飓风损坏墨西哥湾采油设备，影响生产环节。三次石油危机发生在石油生产国家属于国际情况，卡特里娜飓风发生在美国境内属于国内情况。

6.1.2　承灾能力因素

1. 石油资源赋存

石油资源赋存是影响石油供应系统安全运行的最基本和最重要的因素。从石油供应链的角度看，突发性石油短缺是石油市场供给与需求不平衡造成的，是石油生产和消费的地理分布不均衡的产物。

2. 石油基础设施

在诱发事件等级一定的条件下，石油基础设施承受能力越强，诱发事件对石油设备的破坏越有限，造成突发性石油短缺的可能性越小。经历卡特里娜飓风以后，美国政府加强了对能源基础设施的保护。2004 年、2005 年和 2009 年，美国州级能源官员协会先后三次发布 *"State Energy Assurance Guidelines"*，针对突发性石油短缺的响应、关键能源基础设施保护、州政府建立石油应急组织及开展石油应急响应提供了参考建议；2010 年 9 月美国能源部和国土安全部共同发布的《能源部门基础设施保护计划》研究报告和 2011 年 1 月能源部发布的《能源传输系统安全路线图》研究报告，重点从能源基础设施保护角度，探讨了如何减少突发性石油短缺事件的发生概率及其加快事件发生后的恢复重建[26, 27]。

3. 进口国家的购买行为

在没有发生突发性石油短缺的情况下，石油进口国根据本国需求进口一定量的石油用于本国经济发展。当出现石油短缺时，容易导致石油进口国恐慌，为了避免影响本国经济，短期内会大量从石油市场进口石油，这种非理性的购买行为，会放大短期内石油的需求量，使得短缺加剧。例如，1978 年的第二次石油危机过程中，虽然战争导致石油供应中断，但石油市场整体上供大于求，主要是各国争相购买石油以确保自身石油供应，导致石油短缺加剧，油价也高居不下。伊朗革命结束后，进口国家认为伊朗会将战争扩大到其他的产油国，会进一步影响其他产油国的石油对外供应量，这种恐慌心理引起了石油市场非正常购买行为[79]。

4. 进口国石油需求弹性

在短期之内，作为重要战略物资、重要能源和原料的石油资源在经济、社会中的作用是很难被其他能源代替的。交通运输使用的动力及一些生产和消费部门的原材料，均为石油产品，即便发生短缺，其基本需求量也不会直接改变。1973年第一次石油危机给西方发达国家造成严重损失，在IEA的主导下各成员国改善能源结构，发展核能、天然气和推行节能措施，着力加强这些能源在石油供应中断或者价格暴涨时对石油的替代作用。

5. 石油商业库存

石油商业库存用于石油企业日常的运营生产，商业库存水平越高，短期受到石油短缺的影响越小。1973年第一次石油危机前，西方国家可以不断从中东国家获得廉价的、持续的石油供应，国内石油企业持有的石油库存仅够周转用，这就导致在石油短缺发生后，西方各国的正常生产和生活受到冲击。西方国家吸取第一次石油危机的教训，一些国家颁布了《能源政策与储备法案》，不断完善石油储备体系，IEA要求各成员国建立石油储备制度，各个成员国需要维持一定数量的石油库存，石油储备不能低于60天(后改成90天)石油进口量的库存，大大提高了西方国家对突发性石油短缺的抵抗能力[80]。

6. 石油市场价格波动

世界石油供求关系产生微小的变化，便可使油价发生巨大波动。当突发性石油短缺发生时，供给骤然下降，而需求却难以等量减少，造成价格飙升。根据张珣等、谢威等的研究[81, 82]，事件影响的性质可将石油价格波动分为三种。

1) 台阶式增长

指在短期时间内原油的价格会上涨一个很高的水平，并且随着时间的推移石油价格不会恢复到突发事件发生之前的水平。例如，1979~1980年伊朗革命造成的石油短缺，使得每桶石油的价格上涨了41美元。虽然后来石油价格有所回落，但是油价也未恢复到两伊战争之前的水平。

2) 脉冲式增长

指原油的价格受突发事件的影响骤然上升，并且随着时间的推移石油价格会回落到原来正常的水平。比如1990~1991年海湾战争导致的石油短缺，WTI原油价格从21.59美元上涨到28.3美元，每桶的增长幅度约为7美元。随着联合国沙漠风暴行动的实施，石油市场各进口国对此次战争的胜利充满信心，不再继续抢购石油，国际石油价格迅速下跌。

3）渐变式增长

指原油的价格受到事件影响之后上升，油价经过比较长的时间才会回落到正常水平。不同国家因为石油资源、生产和消费量差别较大，影响石油市场的能力各异，相应地对石油价格波动的响应能力差别也很明显。

7. 石油进口量

原油价格上涨会给进口国的原油供应能力带来极大危害，原油价格发生大幅度上涨，因准备不足或严重的外汇透支等原因，将导致原油进口国在石油贸易中交易量较少，随之获得的进口石油量也减少。对于主要依赖石油进口的国家（地区），进口量的减少直接影响石油企业的商业库存。

6.1.3　环境因素

突发性石油短缺的孕灾环境指自然、政治、社会、经济等作用于石油供应系统，是突发性石油短缺发生致灾因素的外部原因。

1. 自然环境因素

自然环境指环绕生物周围的各种自然因素的总和，包括地形、地貌、水文、气候、植被、土壤、动植物等。不同国家及地区自然环境各异，发生地震、洪水、飓风、冰冻、雪灾等自然灾害的概率及强度差别大，相应地石油供应系统可能遭受的冲击也有所不同。也就是说，自然灾害频发且强度较大的区域，发生生产停滞、运输中断、需求激增的可能性较大，对石油储备和石油应急体系的要求也较高。

2. 政治因素

主要指石油生产国与石油需求国之间的政治关系，政治关系紧张程度决定了产油国采取的行为。例如，美国的中东政策会影响到中东石油生产国的石油供应，第一次石油危机期间美国对以色列的援助，使得阿拉伯石油生产国将石油作为武器制裁西方国家，阿拉伯国家削减产量 500 万桶/天，西方发达国家尤其是美国受到严重的影响。

3. 社会因素

主要指社会心理预期，其会影响需求方购买行为。突发性石油短缺的发生是各种导火索事件引发的石油供应的中断，但是石油作为一种贸易商品，其供应短缺会影响石油市场中的购买者行为。出现短缺或者与短缺有关的诱发事件后，石油进口国家很容易在心理上形成恐慌，预期本国石油受到影响或者石油的价格上涨。一旦形成这种心理预期，石油需求国会大量从石油市场购买石油，并且会有连锁反应，酿成石油市场的疯狂抢购。

4. 经济因素

主要指经济发展速度、石油在能源消费结构中的比例等。经济发展速度越快，石油需求量增加越明显，如果石油生产、炼化和运输、储备基础设施滞后，发生石油短缺的风险会增加，石油应急能力往往较弱。随着新兴发展中国家的崛起，石油和天然气在能源消费中的比例不断上升，加大了石油供应的风险，全球石油应急体系建设的需求更加迫切。

6.1.4　干预因素

从应急管理角度看，放大或缩小灾害的必要条件除了承灾体之外，还应该包括政府和石油应急组织的干预。石油对国家经济社会发展至关重要，任何一个国家不可能在石油短缺发生后放任不管。因此，应急干预及其效果会影响石油短缺事件的发展演化。及时有效地应急干预是减小石油短缺危害的重要因素，应急干预如果不能有效发挥作用，突发性石油短缺就会朝着破坏最大的方向发展。政府和石油组织的干预包括预警预防与信息发布、风险识别、启动预案、应急响应、善后评估等。

6.2　突发性石油短缺发生和演变过程

结合灾害演化生命周期模型，以及突发性石油短缺致灾因子、承灾能力、孕灾环境和干预因素是否介入及其所起作用，提出突发性石油短缺演化过程结构图(图6.1)。

突发事件的演化是指突发事件在发生发展过程中性质、类别、级别等方面的各种变化过程可以分为潜伏期、诱发期、发展期、演变期和终结期5个阶段[83]。潜伏期指引发突发性石油短缺的诱发事件发生之前的阶段；诱发期指从诱发事件发生开始到出现石油供应中断；发展期指石油短缺在空间范围和严重程度上的增大；演变期指石油短缺引起石油价格波动和造成生产生活损失；终结期指石油供应不再有缺口，石油价格趋于稳定，生产生活恢复正常，政府根据总结的经验，完善石油应急体系。

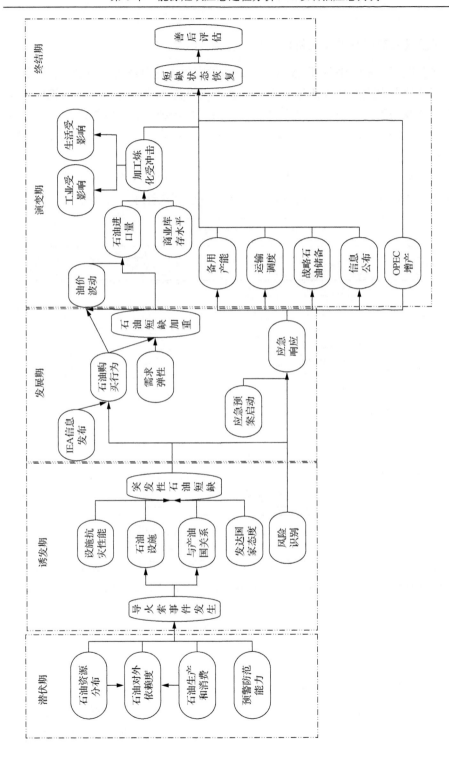

图6.1　突发性石油短缺演化过程结构图

6.2.1 突发性石油短缺的发生机理

在突发性石油短缺潜伏期(图 6.2)，石油供应处于正常状态。但是，石油资源短缺、石油消费量大且增长迅速、石油在能源消费结构中占比大、石油进口来源国政治动荡等因素，都可能导致石油短缺。为了抵御突发性石油短缺的风险，需要开展预测预警并建立应急体系，防止突发性石油短缺的发生。当发生自然灾害、战争、石油供应系统故障等诱发事件时，石油供应出现生产停止或者运输中断，如果能够准确预测其对石油供应的影响，即使不能避免突发性石油短缺的发生，也能够使得突发性石油短缺提前进入应急状态，密切关注事态进展。

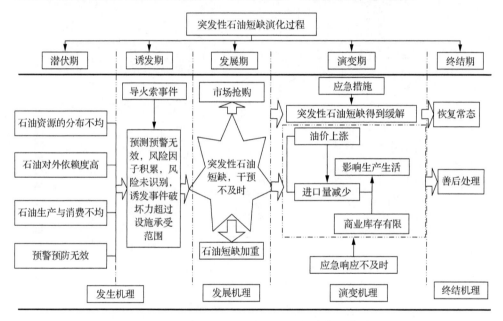

图 6.2　突发性石油短缺演化过程中的规律

突发性石油短缺的发生是致灾因素、环境因素、承灾体和应急干预的耦合形成的。预测预警无效时，石油资源格局和石油供需格局的不平衡，造成了石油供应始终是个敏感话题；自然灾害等突发事件作为导火索，发生的地理位置与石油供应链环节耦合；应急干预失效或者不当，将无法对自然灾害等突发事件进行风险识别，就会发生石油生产的停滞、运输的中断。

6.2.2 突发性石油短缺的发展机理

突发性石油短缺发生后，石油市场上就会出现缺口，若干预不及时，消费者因心理作用抢购石油，会使短缺程度加剧；相反，如果能及时地开展评估预测，合理引导购买行为，及时发布信息，则能够缓解消费者心理压力，避免石油抢购的出现，有助于石油市场的恢复。在突发性石油短缺发展期，应该根据短缺程度启动相应的应急预案，通过加大生产、释放储备、减少需求等措施满足市场需求。

突发性石油短缺的发展主要是承灾体和应急干预的耦合导致。突发性石油短缺发生后，会引起消费者对石油短缺的恐慌，应急干预失效或不当，就会造成抢购石油，使得石油短缺程度进一步加深。

6.2.3　突发性石油短缺的演变机理

在突发性石油短缺发生后，虽然启动了应急预案，但是应急措施的实施受到诸多条件的限制，效果可能难以立竿见影。所以，突发性石油短缺可能具有持续性，甚至会朝着不利的方向发展，有时会严重影响国民经济发展和人民生活的正常进行。

突发性石油短缺的演变是石油市场、经济发展和应急干预的耦合导致的。石油市场与经济发展存在相互影响的关系，石油短缺发生后，石油企业库存不足和石油市场石油价格急速增高，进而影响工业生产和人民的正常生活，导致经济衰退和工人失业等一系列问题。应急干预失效情况下，石油短缺不能得到控制，油价上涨和经济损失将会不可避免地发生。

6.2.4　突发性石油短缺的终结机理

随着石油短缺事件的进展，各种应急措施发挥作用后，石油供应量开始增加，供应缺口得到弥补，石油市场开始恢复，油价也会降低到正常水平，生产生活恢复正常，可以结束应急状态。

突发性石油短缺的终结是突发性石油短缺应急响应措施采取后，石油供应系统恢复平衡，油价趋于稳定和工业生产恢复正常。此阶段应急状态下的措施不再继续实施，但是不表示应急管理的结束。石油供应系统恢复平衡后，政府和石油组织对突发性石油短缺的应急体系进行评估，找出存在的不足之处，及时地完善突发性石油短缺应急体系，将会有助于降低石油安全风险和再次出现短缺的可能性。

6.3　本 章 小 结

结合前面的案例分析和应急管理理论，突发性石油短缺发展和演变的影响因素总结为致灾因子、承灾能力、孕灾环境和干预因素 4 个方面；结合 Turer 提出的灾害演化生命周期模型，以及突发性石油短缺致灾因子、承灾能力、孕灾环境和干预因素发挥作用的阶段及其效果，分析了突发性石油短缺发展演化过程和演变机理，分为潜伏期、诱发期、发展期、演变期和终结期。

第7章 能源短缺应急过程建模
与仿真——以石油应急为例

从上一章的分析可以看出，突发性石油短缺的发展演变过程是诱发事件、石油供应系统及其所处环境相互作用的结果，不同的动力因素在不同阶段发挥着不同的作用。Petri 网综合了数据流、控制流与状态变迁，可以进行复杂系统建模与分析[84]，本章利用 Petri 网建模对突发性石油短缺演化过程中不同系统状态之间的转变进行仿真分析。

7.1 Petri 网基本概念及建模步骤

7.1.1 Petri 网简介

Petri 网由 Carl Adam Petri 创立，可以通过托肯的流动来模拟系统的动态和活动行为。把 Petri 网中的每一个变迁相关联一个实施速率，就得到随机 Petri 网模型(SPN)。在连续时间随机 Petri 网中，一个变迁从可实施到实施都需要延时，即从一个变迁 t 变成可实施时刻到实施时刻之间被看成是一个连续随机变量 $X_i(X_i>0)$，且服从于一个指数分布函数[85]。Petri 网由 5 个元素构成，表示为 SPN=(P, T, F, M, λ)，其中元素的含义见表 7.1。

表 7.1 随机 Petri 网元素含义

元素	含义
P	$P=\{P_1, P_2, \cdots, P_n\}$，为库所的有限集合，$n>0$ 为库所的个数
T	$T=\{t_1, t_2, \cdots, t_m\}$，为变迁的有限集合，$m>0$ 为变迁的个数
F	为变迁有向弧集合，$F\in(P\times T)\cup(T\times P)$
M	为网的标识，$M(P)$ 表示 M 标识下库所 P 的容量值，M_0 为初始标识(即系统的初始状态)
λ	$\lambda=\{\lambda_1, \lambda_2, \cdots, \lambda_n\}$ 为变迁的平均实施速率，其倒数为变迁的平均实施延时，瞬时变迁延时为 0(λ 为无穷大)

7.1.2 Petri 网建模步骤

根据突发性石油短缺演化过程结构图，建立基于随机 Petri 网(SPN)的突发性石油短缺演化系统模型，具体建模步骤如下[86]。

第一步：根据突发性石油短缺演化过程系统图建立 SPN 模型，并将时延与相应的变迁关联。

第二步：产生可达标识集 $R(m)$。把模型中的每条弧都给定所对应变迁的激发率，从而得到马尔可夫链。将所有标识或状态记为 $M_0, M_1, \ldots, M_n$，n 为状态总数。

第三步：分析马尔可夫链。在与 SPN 同构的马尔可夫链中，M_0 有 n 个元素，MC 有 n 个状态。

第四步：随机 Petri 网与时间连续的齐次马尔可夫链是同构的，因此可以通过求解 SPN 的可达集，构造相应的马尔可夫链，当所构造的马尔可夫链存在平稳分布，即可求出系统的稳定状态概率[85]。求得稳定概率后，确定 SPN 所描述突发性石油短缺演化系统的性能，并对其进行评估和改进。

7.2　基于 Petri 网的突发性石油短缺演化过程模型

7.2.1　Petri 网模型的建立

根据 Petri 网的概念和 Petri 网的建模步骤，首先将上一章中的突发性石油短缺演化过程图转为 Petri 网模型，将 Petri 网中的库所表示为突发性石油短缺演化过程中的影响因素，变迁则为影响因素之间的关联关系，共有 23 个库所和 15 个变迁；然后，根据突发性石油短缺过程得到不同变迁的可达标识集，即不同的系统状态是由所有库所共同决定的，共得出 15 个系统状态，$M_0 \sim M_{14}$。具体的 Petri 网模型如图 7.1 所示。

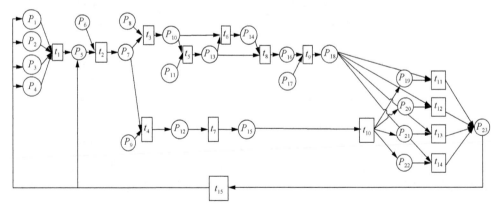

图 7.1　基于 Petri 网的突发性石油短缺演化过程示意图

突发性石油短缺演化过程 Petri 网模型中各库所和变迁的含义如表 7.2、表 7.3 所示。

表 7.2　Petri 网模型中库所含义

库所	含义	库所	含义
P_1	石油资源分布	P_{13}	突发性石油短缺加重
P_2	对外依赖度	P_{14}	油价波动
P_3	生产与消费	P_{15}	应急响应方案
P_4	预警防范	P_{16}	石油进口量
P_5	诱发事件	P_{17}	商业库存水平
P_6	石油设施抗灾性	P_{18}	生产生活受影响
P_7	突发性石油短缺发生	P_{19}	备用产能
P_8	IEA 信息发布	P_{20}	战略石油储备
P_9	风险识别	P_{21}	OPEC 国家
P_{10}	购买行为	P_{22}	需求限制
P_{11}	石油需求弹性	P_{23}	石油市场恢复
P_{12}	应急预案启动		

表 7.3　Petri 网模型中变迁含义

变迁	含义	变迁	含义
t_1	石油安全风险积累	t_9	冲击生产生活
t_2	冲击石油供应系统	t_{10}	实施应急方案
t_3	干预不及时	t_{11}	增加生产
t_4	确定事件级别	t_{12}	调运储备
t_5	供需矛盾加剧	t_{13}	寻求国际合作
t_6	影响油价	t_{14}	限行限购
t_7	应急决策	t_{15}	善后处理
t_8	影响进口量		

从图 7.1 可以看出：

（1）P_1、P_2、P_3、P_4 必须同时具有 token，变迁 t_1 才可以触发。也就是说，石油安全风险的积累是石油分布不均、生产消费不均、对外依赖度高、石油储备有限共同影响的结果。反之，石油安全风险没有积累到一定程度，即使发生一些相关的诱发事件，也不会造成后续的石油供应中断。

（2）P_5、P_6 必须同时具有 token，变迁 t_2 才可以触发。诱发事件的破坏能力超过设施的抗灾能力会对该地区的石油供应链造成破坏，才会发生突发性石油短缺事件。所以，对于石油设施所在地的自然环境需要引起重视，同时需要提高石油基础设施抗灾性能。

(3) P_7 具有 token 后，能够激发变迁 t_3、t_4，需要 P_8、P_9 也具有 token 的前提下。突发性石油短缺之后的信息发布有助于消除紧张，稳定石油市场秩序；石油监测预警系统收集市场相关数据，并据此分析评估发出预警信号，确定突发性石油短缺等级。

(4) P_{10}、P_{11} 同时具有 token 才能够激发 t_5。突发性石油短缺发生后，干预的不足会引起石油市场的抢购，市场抢购和石油需求短期内难以调整的共同作用会使得供需矛盾加剧，进而引起突发性石油短缺的加重。

(5) P_{10}、P_{13} 同时具有 token 才能够激发 t_6。石油市场的抢购和严重的石油短缺会影响石油价格，使得石油价格会在短期内上升。

(6) P_{13}、P_{14} 同时具有 token 才能够激发 t_8。石油市场上供应的严重短缺和石油价格的突增会严重影响到进口国家可获得石油资源数量，导致进口量减少。

(7) P_{16}、P_{17} 同时具有 token 才能够激发 t_9。石油商业库存是为了满足石油加工企业正常的生产运营需要。石油进口量减少之后，一定数量的石油商业库存能够继续满足石油炼化企业的运行需要。当石油商业库存降低到最低限度时，会影响到石油炼化企业的运行。

(8) P_{19}、P_{20}、P_{21}、P_{22} 是一个并行结构，在变迁 t_{10} 实施之后会同时具有 token，即石油应急响应方案制订出来以后，按照应急响应方案从增加供给和限制需求两个方面开始，按照应急响应方案对本国需要增加石油生产的油田、需要动用石油储备的基地和有关政府部门下达相关指令。

7.2.2　马尔可夫链的构建

突发性石油短缺演化过程中，系统会表现出不同的状态形式。演化过程中不同的状态由系统中所有库所的表现状态决定，库所存在托肯时标记为 1，反之标记为 0。运用 Visual Object Net++Petri 网建模工具对突发性石油短缺演化过程进行分析绘制，通过软件运行得到其对应的可达标识集，图 7.2 所示为软件运行界面。初始状态 M_0 的标示为(1，1，1，1，0，0，0，0，0，0，0，0，0，0，0，0，0，0，0，0，0，0，0)，表示 P_1、P_2、P_3、P_4 各有一个 token，由此可以得到不同的变迁所能得到的可达标识集。突发性石油短缺演化过程的可达标识集如表 7.4 所示。

Petri 网同构于连续时间的马尔可夫链，其中各库所转换的发射时间为时间随机变量，并服从指数分布，变迁 t_1，t_2，…，t_{15} 的平均实施速率分别为 λ_0，λ_1，…，λ_{15}。根据突发性石油短缺演化过程中 15 个状态 M_0，M_1，M_2，M_3，…，M_{14} 可得到其同构的马尔可夫链，如图 7.3 所示。图中有向弧表示突发性石油短缺演化过程中从一种状态到另一种状态的转换。

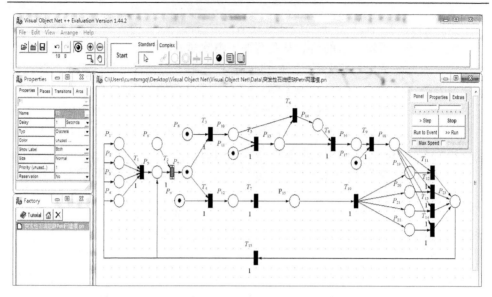

图 7.2　Visual Object Net++运行界面

表 7.4　突发性石油短缺演化过程的可达标识集

	P_1	P_2	P_3	P_4	P_5	P_6	P_7	P_8	P_9	P_{10}	P_{11}	P_{12}	P_{13}	P_{14}	P_{15}	P_{16}	P_{17}	P_{18}	P_{19}	P_{20}	P_{21}	P_{22}	P_{23}
M_0	1	1	1	1	0	0	0	0	0	0	0	0	0	0	0	0	0	0	0	0	0	0	0
M_1	0	0	0	0	1	1	0	0	0	0	0	0	0	0	0	0	0	0	0	0	0	0	0
M_2	0	0	0	0	0	0	0	1	1	1	0	0	0	0	0	0	0	0	0	0	0	0	0
M_3	0	0	0	0	0	0	0	1	0	1	1	0	0	0	0	0	0	0	0	0	0	0	0
M_4	0	0	0	0	0	0	0	0	1	0	0	1	0	0	0	0	0	0	0	0	0	0	0
M_5	0	0	0	0	0	0	0	0	0	0	0	0	1	0	0	0	0	0	0	0	0	0	0
M_6	0	0	0	0	0	0	0	0	1	0	0	1	1	0	0	0	0	0	0	0	0	0	0
M_7	0	0	0	0	0	0	0	0	0	0	0	0	0	1	0	0	0	0	0	0	0	0	0
M_8	0	0	0	0	0	0	0	0	0	0	0	1	1	0	1	1	0	0	0	0	0	0	0
M_9	0	0	0	0	0	0	0	0	0	0	0	0	0	0	0	0	1	0	0	0	0	0	0
M_{10}	0	0	0	0	0	0	0	0	0	0	0	0	0	0	0	0	0	1	0	0	0	0	0
M_{11}	0	0	0	0	0	0	0	0	0	0	0	0	0	0	0	0	0	0	1	0	0	0	0
M_{12}	0	0	0	0	0	0	0	0	0	0	0	0	0	0	0	0	0	0	0	1	0	0	0
M_{13}	0	0	0	0	0	0	0	0	0	0	0	0	0	0	0	0	0	0	0	0	1	0	0
M_{14}	0	0	0	0	0	0	0	0	0	0	0	0	0	0	0	0	0	0	0	0	0	1	1

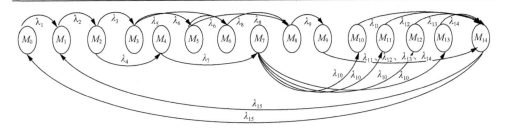

图 7.3　突发性石油短缺演化模型马尔可夫链

7.2.3　稳定概率的求解

Petri 网是一个暂态系统，当时间 $t \to \infty$ 时，达到一种动态平衡状态，状态 M_i 的稳态概率为 $P(M_i)$。为求解各状态下稳态概率，可根据马尔可夫链平稳分布的相关原理建立如下方程：

$$
\begin{cases}
PQ = 0 \\
\sum_{i=0}^{n} P(M_i) = 1
\end{cases}
\tag{7.1}
$$

$$
q_{il}
\begin{cases}
\text{弧上标注的速率} & i \neq j, \text{若从状态} M_i \text{到状态} M_j \text{有一条连接弧;} \\
0 & i \neq j, \text{若从状态} M_i \text{到状态} M_j \text{无连接弧;} \\
\text{从状态输出的各条弧上标注的速率之和,} & i = j
\end{cases}
$$

其中，$P = [P(M_0), P(M_1), \cdots, P(M_n)], n = (0,1,2,\cdots,14)$ 为马尔可夫链中 n 个状态下稳态概率 P 组成的行向量；Q 为以 q_{ij} 为元素的转移速率矩阵。

根据图 7.3 得到的转移速率矩阵 Q 如下页所示。

7.2.4　系统效能的分析

通过对上述线性方程组的求解，可以得到突发性石油短缺演化系统处于可能状态的稳态概率。基于马尔可夫链及稳态概率计算突发性石油短缺演化系统的效能指标，主要包括库所平均标记数、变迁利用率。

1. 库所平均标记数

它反映库所信息及资源处理的繁忙概率，准确搜寻产生信息堆积、影响突发性石油短缺演化过程的关键环节。结合 Petri 网可达集，计算库所中的平均标记数：

$$
c_i = \sum_{N_{ij}=1} P(M_i)
\tag{7.2}
$$

其中，N_{ij} 为可达标示集合数值。

$$
Q=\begin{array}{c|ccccccccccccccc}
 & M_0 & M_1 & M_2 & M_3 & M_4 & M_5 & M_6 & M_7 & M_8 & M_9 & M_{10} & M_{11} & M_{12} & M_{13} & M_{14} \\
\hline
M_0 & -\lambda_1 & \lambda_1 & 0 & 0 & 0 & 0 & 0 & 0 & 0 & 0 & 0 & 0 & 0 & 0 & 0 \\
M_1 & 0 & -\lambda_2 & \lambda_2 & 0 & 0 & 0 & 0 & 0 & 0 & 0 & 0 & 0 & 0 & 0 & 0 \\
M_2 & 0 & 0 & -\lambda_3-\lambda_4 & \lambda_3 & \lambda_4 & 0 & 0 & 0 & 0 & 0 & 0 & 0 & 0 & 0 & 0 \\
M_3 & 0 & 0 & 0 & -\lambda_5 & 0 & \lambda_5 & 0 & 0 & 0 & 0 & 0 & 0 & 0 & 0 & 0 \\
M_4 & 0 & 0 & 0 & 0 & -\lambda_7 & 0 & 0 & \lambda_7 & 0 & 0 & 0 & 0 & 0 & 0 & 0 \\
M_5 & 0 & 0 & 0 & 0 & 0 & -\lambda_6 & \lambda_6 & 0 & 0 & 0 & 0 & 0 & 0 & 0 & 0 \\
M_6 & 0 & 0 & 0 & 0 & 0 & 0 & -\lambda_8 & 0 & \lambda_8 & 0 & 0 & 0 & 0 & 0 & 0 \\
M_7 & 0 & 0 & 0 & 0 & 0 & 0 & 0 & -4\lambda_{10} & 0 & 0 & \lambda_{10} & \lambda_{10} & \lambda_{10} & \lambda_{10} & 0 \\
M_8 & 0 & 0 & 0 & 0 & 0 & 0 & 0 & 0 & -\lambda_9 & \lambda_9 & 0 & 0 & 0 & 0 & 0 \\
M_9 & 0 & 0 & 0 & 0 & 0 & 0 & 0 & 0 & 0 & -\lambda_{11}-\lambda_{12}-\lambda_{13}-\lambda_{14} & 0 & 0 & 0 & 0 & \lambda_{11}+\lambda_{12}+\lambda_{13}+\lambda_{14} \\
M_{10} & 0 & 0 & 0 & 0 & 0 & 0 & 0 & 0 & 0 & 0 & -\lambda_{11} & 0 & 0 & 0 & \lambda_{11} \\
M_{11} & 0 & 0 & 0 & 0 & 0 & 0 & 0 & 0 & 0 & 0 & 0 & -\lambda_{12} & 0 & 0 & \lambda_{12} \\
M_{12} & 0 & 0 & 0 & 0 & 0 & 0 & 0 & 0 & 0 & 0 & 0 & 0 & -\lambda_{13} & 0 & \lambda_{13} \\
M_{13} & \lambda_{15} & 0 & 0 & 0 & 0 & 0 & 0 & 0 & 0 & 0 & 0 & 0 & 0 & -\lambda_{14} & \lambda_{14} \\
M_{14} & 0 & \lambda_{15} & 0 & 0 & 0 & 0 & 0 & 0 & 0 & 0 & 0 & 0 & 0 & 0 & -2\lambda_{15}
\end{array}
$$

2. 变迁利用率

反映各项活动占用整个演化过程的时间长短，为应急决策者正确识别重点监管对象提供依据，计算变迁利用率：

$$U(t) = \sum_{M_{i \in E}} P(M_i) \tag{7.3}$$

其中，E 为被变迁 t 激发的所有库所状态集合。

7.3　突发性石油短缺演化过程模型案例仿真

7.3.1　基于案例的变迁赋值

本节中突发性石油短缺选择 2005 年美国卡特里娜飓风导致的突发性石油短缺案例作为背景。此案例中突发性石油短缺过程见表 7.5。

表 7.5　美国卡特里娜飓风灾害发生及响应过程

过程	时间	相关活动
诱发事件	2005 年 8 月 24 日	飓风卡特里娜于 2005 年 8 月中旬在巴哈马群岛附近生成，在 8 月 24 日增强为飓风后，于佛罗里达州以小型飓风强度登陆，随后数小时该风暴进入了墨西哥湾
影响生产，油价上升	2005 年 8 月 29 日	至 29 日，墨西哥湾地区开采石油和天然气的 711 个钻塔和钻井平台的工作人员已经撤离。美国原油进口港路易斯安那近海石油港口已经关闭了向炼油厂输送原油的管道。美国的原油日加工能力下降了 200 万桶。纽约商品交易所原油价格 8 月 29 日开盘时每桶飙升 4.67 美元，达 70.8 美元。在亚特兰大，加油站的油价高达 5 美元/加仑
OPEC增产	2005 年 9 月 19 日	欧佩克在 9 月举行的部长级会议上讨论提高原油日生产限额 50 万桶
监测及应急决策	2005 年 9 月 2 日	IEA 秘书处对灾难评估后认为，飓风使国际石油市场每天减少 350 万桶的供应，可以认为是严重的供应中断事件。因此，IEA 理事会迅速制订了应急计划。8 月 31 日布什政府同意动用战略石油储备，帮助严重破坏的原油加工厂恢复生产。2005 年 9 月 2 日 IEA 秘书处执行主任通知各成员国启动应急计划
影响石油炼化	2005 年 10 月 11 日	截止到 2005 年 10 月 11 日七个炼油厂还没有全部恢复运行
增加供给和限制需求	2005 年 10 月 31 日	截止到 2005 年 10 月底，国际能源署成员国通过投放石油和增加产量方式共向美国投放 5387 万桶，加上抑制需求的节约量合计约 6300 万桶，有效保证了美国经济和社会生活稳定
终止执行应急计划	2005 年 12 月 22 日	执行主任在与成员国磋商后决定终止应急计划

资料来源：作者整理

　　将案例的时间点细化，并且每个时间点所做的事情也明确，据此将每个时间变迁点的 λ 赋值。从案例可以看出，此次突发性石油短缺的时间从 2005 年 8 月 24 日卡特里娜飓风开始到 2005 年 12 月 22 日应急结束，共持续 4 个月。可以看出，这个过程中不包括风险积累和事后评估完善的时间。虽然，突发性石油短缺潜在风险的积累和事后评估改善是一个长期的过程，但是从风险状态到诱发事件发生和事件结束后评估完善到风险状态的转变非常快，速率远远大于其他变迁的速率，所以假定 $\lambda_1=20$，$\lambda_{15}=20$。具体变迁的赋值见表 7.6。

表 7.6　变迁赋值

变迁	时间/天	速率	赋值	变迁	时间/天	速率	赋值
T_1	—	λ_1	20	T_9	1	λ_9	11
T_2	2	λ_2	5.5	T_{10}	2	λ_{10}	5.5
T_3	2	λ_3	5.5	T_{11}	110	λ_{11}	0.1
T_4	5	λ_4	2.2	T_{12}	110	λ_{12}	0.1
T_5	1	λ_5	11	T_{13}	90	λ_{13}	0.12
T_6	1	λ_6	11	T_{14}	110	λ_{14}	0.1
T_7	2	λ_7	5.5	T_{15}	—	λ_{15}	20
T_8	1	λ_8	11				

7.3.2　突发性石油短缺演化系统效能分析

　　根据 7.2.3 节的计算公式，即可求出系统的稳定状态概率（表 7.7）。

表 7.7　状态稳定概率计算结果

状态稳定概率	概率值	状态稳定概率	概率值
P_{M0}	0.0049	P_{M8}	0.0127
P_{M1}	0.0355	P_{M9}	0.3318
P_{M2}	0.0253	P_{M10}	0.1394
P_{M3}	0.0127	P_{M11}	0.1394
P_{M4}	0.0101	P_{M12}	0.1161
P_{M5}	0.0127	P_{M13}	0.1394
P_{M6}	0.0127	P_{M14}	0.0049
P_{M7}	0.0025		

　　按照式(7.2)计算库所平均标记数，即各个库所的繁忙程度（表 7.8）。

表 7.8　忙期概率计算结果

库所	忙期概率	库所	忙期概率
P_1	0.0049	P_{13}	0.0381
P_2	0.0049	P_{14}	0.0254
P_3	0.0049	P_{15}	0.0025
P_4	0.0049	P_{16}	0.0127
P_5	0.0355	P_{17}	0.0127
P_6	0.0355	P_{18}	0.3318
P_7	0.0253	P_{19}	0.1394
P_8	0.0380	P_{20}	0.1394
P_9	0.0355	P_{21}	0.1161
P_{10}	0.0254	P_{22}	0.1394
P_{11}	0.0127	P_{23}	0.0049
P_{12}	0.0101		

　　分析如下：P_1、P_2、P_3、P_4 在突发性石油短缺潜伏期；P_5、P_6 在诱发事件发生期间；$P_7 \sim P_{18}$ 在突发性石油短缺发展、演变期(图 7.4)；$P_{19} \sim P_{23}$ 为通过增加供给和限制需求两大措施，突发性石油短缺终止结束。

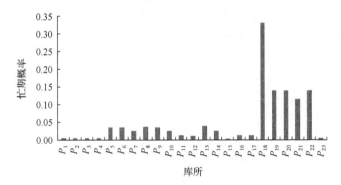

图 7.4　各库所忙期概率分布

　　从图 7.5 可以看出，$P_{18} > P_{13} > P_7 > P_2 = P_{23}$，突发性石油短缺从诱发到爆发是一个加重的过程，其与突发事件从常态到发生、发展、演变，再到结束的生命周期过程是相符的，可以看出能够将 Petri 网模型运用到突发性石油短缺演化过程分析中。

　　P_1、P_2、P_3、P_4 的忙期概率一致，能够看出石油短缺风险水平是这几个因素相互作用的结果。P_5、P_6 的忙期概率一致，反映出突发性石油短缺的产生是诱发事件与石油生产设备承载能力共同作用的结果。P_{16}、P_{17} 的忙期概率一致，可以看出突发性石油短缺影响生产和生活，由于石油在短缺的同时石油企业商业库存有限，使得短缺沿着供应链传播影响到生产和生活。

　　P_8、P_{10}、P_{14} 较高，P_{11} 较低。说明石油短缺发生后干预无效，会因为有其他国家抢购影响短缺程度，进而以较高的油价体现出来。这与 IEA 的评估相对应，

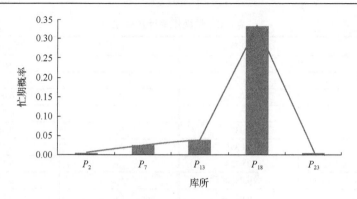

图 7.5　演化过程库所忙期概率分布

飓风发生后美国石油市场每天生产减少了 200 万桶,国际石油市场实际短缺为 350 万桶。P_{11} 较低，是因为美国从前几次石油危机之后就注重能源结构的改革。

P_9 比较高，反映出监测的繁忙。本次石油短缺是自然因素导致的，从飓风产生到破坏石油生产设施是一个快速的过程，由不可预测因素导致的突发性石油短缺本身就存在很大的挑战，忙期概率较大是符合现实的。

P_{15}、P_{23} 的忙期概率非常低，主要是因为选择的案例是美国历史上应对突发性石油短缺比较成功的一个案例，相对于三次石油危机，发达国家在应对石油危机方面的能力有了显著提高，得益于法制、机制和体制的不断完善。

P_{19}、P_{20}、P_{21}、P_{22} 的忙期概率高。突发性石油短缺即使可以提前预警甚至制订出应急方案，但是不管本地富余产能的提升、战略石油储备的调度、国际求助还是需求限制的实施都是需要一个较长的时间来完成，其忙期概率高也符合实际情况。另外，这四个方面忙期远远高于其他库所的概率，说明这几个方面存在信息的积累，还需要进一步的优化提升。

变迁利用率具体计算结果和分布分别如表 7.9 和图 7.6 所示。

表 7.9　变迁利用率计算结果

变迁	变迁利用率	变迁	变迁利用率
t_1	0.0196	t_9	0.0254
t_2	0.0710	t_{10}	0.0025
t_3	0.0633	t_{11}	0.4712
t_4	0.0608	t_{12}	0.4712
t_5	0.0381	t_{13}	0.4479
t_6	0.0635	t_{14}	0.4712
t_7	0.0101	t_{15}	0.0049
t_8	0.0635		

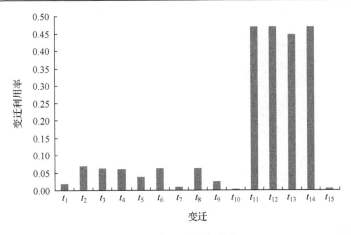

图 7.6　变迁利用率分布

可以看出，t_{11}、t_{12}、t_{13}、t_{14} 变迁利用率非常高，说明应急处置措施在整个突发性石油短缺过程中占用时间最长，这与应急处置过程相符合。变迁 t_7、t_{10} 表示启动应急预案和实施应急方案，其变迁利用率非常低，说明该环节处理迅速，与 IEA 迅速应急响应相符。

根据卡特里娜飓风具体案例赋值，通过构建的突发性石油短缺 Petri 网模型，计算系统的稳态概率，并以此得出库所忙期概率和变迁利用率，其结果与实际案例相符合，说明构建的模型是有效的。可以利用该模型对突发性石油短缺过程进行分析，发现突发性石油短缺过程中繁忙的库所，并对此加以改进；还可以根据变迁率找出应急过程中主要监督和管理的环节。

7.4　本章小结

本章首先介绍了 Petri 网的基本概念和建模的步骤，然后根据 Petri 网建模步骤，将突发性石油短缺演化过程系统图转为基于 Petri 网的突发性石油短缺过程模型；最后根据案例，赋予相应的变迁速率，得到系统的稳定概率，以此分析系统性能，结果证明构建的突发性石油短缺演化过程模型是有效的。

第四篇　应急储备与应急调度

第8章 能源应急储备布局及优化——以长江三角洲成品油储备为例

　　近年来自然灾害、军事冲突、能源设施爆炸等突发事件的频发，对煤炭、石油和天然气的安全供应带来了严峻挑战，"气荒"、"油荒"、"煤荒"的应对也在考验着能源应急体系。当前世界各国都高度重视能源应急体系的建设，其中被誉为"工业的血液"的石油供应安全更是能源应急体系建设的重点。目前，美国、德国、法国和日本等发达国家在石油应急储备上都有比较完备的保障体系[2]。中国作为石油消费大国，石油应急体系的建立相比欧美国家起步较晚，当前成品油应急储备存在法律依据缺乏、财政压力较大等问题[87]。其中，经济较为发达的长江三角洲地区有舟山、镇海、金坛三个国家石油储备基地，但以原油储备为主，无论是应急响应的覆盖范围还是储备规模都不能满足成品油应急需要。另外，受到成品油需求不断上升、高度外向依赖性、国际石油价格波动等因素的影响，供应中断事件的发生概率可能增加，长江三角洲地区的成品油安全供应压力不断加大。

　　成品油储备布局和应急调运可借鉴应急资源调度优化方法。例如，MirHassalli主要考虑运输成本、储存成本和惩罚成本建立了石油应急规划模型[88]；Rahman和 Smith 围绕应急设施最少与调运量最大来确定医疗应急最优运输路线和设施规划[89]；Zografos 等从服务覆盖最大、应急响应时间最短、服务水平最高的角度构建优化模型[90]。考虑到未来突发事件的发生具有很大的不确定性，Barbarosoğlu 和 Arda 提前预判地震的范围及概率并设定相应的灾害情景，通过构建两阶段应急物流网络解决应急物资的调配问题[91]。Chang 等结合历史数据，考虑某一区域可能发生的洪灾情景，建立了应急设施选址与资源配置的随机规划模型[92]。另外，Shin 和 Savage 研究了东亚地区石油联合储存机制和应急共享机制[93]。

　　从国内相关研究看，关于区域性成品油应急储备和优化配置的研究不多。采用灰色预测方法和多目标优化模型，研究了 2020 年长江三角洲地区成品油应急储备和布局优化问题。首先，在确定储备基地选址，运输方式和渠道分析的基础上，建立了基于四个区域的成品油应急运输网络；然后，根据不同等级的预警情景，测算了每个城市的成品油应急需求量，采用成本和时间为目标函数的多目标优化模型，得到了不同预警情景下的成品油储备布局方案；最后，以一般预警的布局为例分析了应急调运方案。研究成果为长江三角洲地区成品油应急储备体系建设提供了参考和借鉴。

8.1　储备基地选址与应急调运网络构建

8.1.1　储备基地选址

结合相关研究[94]，从以下几个条件选择成品油储备基地：①临近区域交通枢纽，拥有水运、铁运和管道运输中的两种以上的运输条件；②靠近大型成品油储备库，具备便捷的吸纳成品油填充入库的能力；③靠近大型石油炼化厂，既便于将进口的原油加工炼化为各类成品油，也可以充分利用炼厂的储备设施；④靠近石油消费量和市场辐射范围较大的地区，便于做出及时响应以弥补突发性短缺。综合考虑交通、成本、安全、基础设施等现实条件，选择 11 个地区作为长江三角洲储备基地(表 8.1)，其中舟山、镇海、金坛为国家石油储备基地，其他 8 个地区拥有大型石油炼化厂，包括上海石化、高桥石化、大榭石化、镇海炼化、金陵石化、扬子石化、泰州石化、扬州石化、杭州石化、徐州石化、清江石化和连云港炼化等。在 11 个储备基地中，江苏金坛地区具备岩穴存储条件，储备成本较低、安全性能较高；其他地区则采用地上油罐储备方式。

表 8.1　成品油应急储备基地概况

储备基地	所属地区	储备方式
舟山(舟山国家石油储备基地)	浙江	油罐式存储
宁波(镇海国家石油储备基地，大榭石化、镇海炼化)	浙江	油罐式存储
上海(上海石化、高桥石化)	上海	油罐式存储
南京(金陵石化、扬子石化)	江苏	油罐式存储
常州(金坛国家石油储备基地)	江苏	岩穴式存储
泰州(泰州石化)	江苏	油罐式存储
扬州(扬州石化)	江苏	油罐式存储
杭州(杭州石化)	浙江	油罐式存储
徐州(徐州石化)	江苏	油罐式存储
淮安(清江石化)	江苏	油罐式存储
连云港(连云港炼化)	江苏	油罐式存储

8.1.2　应急调运网络

成品油运输包括铁路、管道、水路、公路等方式。比较而言，铁路运输适应能力强，调运速度快，但运费较高；水路运输成本较低，主要承担长距离、大数量的运输；管道运量大，费用低且较为安全；公路运输单车配送量低，单位运输成本较高。本章主要考虑铁路、管道和水路三种调运方式，不考虑公路运输。由长江三角洲地区管道建设情况得知，江苏管网主要包括中石化苏南管道和苏北管道，基本上实现了除沿海 3 个市以外其他 10 个地市成品油管道全覆盖；浙江管网由甬绍金衢管道、绍杭管道、甬台温管道和镇杭管道等构成；另外还包括省际间的金嘉湖管道和甬沪宁管道。水路运输方面，长江三角洲拥有 8 个沿海主要港口和 26 个内河规模以上港口，已形成以上海港为中心，江苏和浙江分别为南北两翼的水路运输格局，港口基础设施完善，水路运输较为便利。铁路方面，长江三角洲区域拥有京沪铁路、沪昆铁路、宜杭铁路、萧甬铁路、新长铁路等铁路干线，构建了"Z"形的三条城市发展轴，串联了长江三角洲城市群的主框架，即以沪宁铁路为基础的沪宁城市发展轴、以沪杭铁路为基础的沪杭城市发展轴和以萧甬铁路为基础的杭甬城市发展轴。

考虑到储备基地的布局、区域间运输方式、应急调运成本等因素，将长江三角洲地区成品油应急调运网络分为沪浙沿海、沿江、浙西北和苏北四大区域。沪浙沿海地区包括舟山、宁波、上海、嘉兴、台州和温州，这一区域成品油需求规模较大，主要由舟山、宁波和上海三个储备基地满足应急需求，拥有连接宁波-上海-南京的甬沪宁管道，连接宁波-温州-台州的甬台温管道和连接上海-嘉兴的金嘉湖管道，拥有上海港、宁波港、舟山港、嘉兴港、台州港和温州港等沿海港口，另外该区域铁路发达，应急调运以铁路、海运和管道为主。沿江地区包括南京、镇江、常州、无锡、苏州、扬州、泰州和南通，由上海、南京、常州、泰州和扬州储备基地满足应急需求，拥有连接苏南五市的中石化苏南管道和扬子-扬州-泰州成品油管道，拥有南京港、苏州港、镇江港、常州港、无锡港、扬州港、泰州港等长江港口，同时沿江地区铁路发达，可以灵活选择铁路、水路和管道运输进行应急调运。浙江西北地区包括杭州、绍兴、湖州、金华、丽水和衢州，主要由杭州和宁波储备基地满足应急需求，这一区域拥有连接宁波-绍兴-金华-衢州的甬绍金衢管道，连接绍兴-杭州的绍杭管道，连接宁波-绍兴-杭州的镇杭管道，区域内城市由铁路连接，应急调运以铁路和管道为主。苏北地区包括徐州、淮安、连云港、盐城和宿迁，由徐州、淮安和连云港三个储备基地满足应急需求，拥有连接徐州-宿迁-淮安的苏北管道，城市间有铁路连接，应急调运以铁路和管道为主。

在确定长江三角洲地区成品油应急储备基地以及调运渠道的基础上，可构建成品油应急调运网络，如图 8.1 所示，包括 4 大区域、11 个储备基地和 25 个应急需求地区。

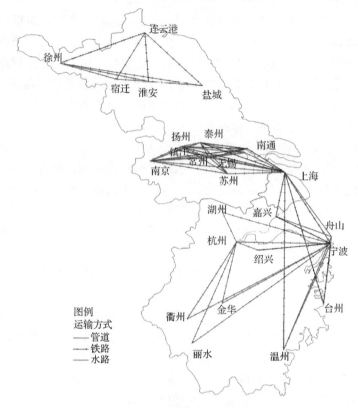

图 8.1　成品油物流运输网络

8.2　储备布局优化方法与数据

8.2.1　模型假设

在储备布局与调运优化中，为了简化模型，提出如下假设：①作为变动成本，运输成本的下降空间较大，因此以运输成本作为成本函数；②尽管运输方式不同，但相同起始点之间的运输距离相同；③不考虑各运输方式的容量约束。

8.2.2　模型构建

一般而言，应急资源的运输需要考虑两类目标函数：应急响应时间最短，即在储备基地到需求城市之间以最短的时间完成成品油的应急配送；成品油调运成本最小，主要是运输成本，考虑能以最佳的调运方式、最少的成本完成应急调度。

约束条件的建立主要考虑以下三个方面：①需求点所接收到的成品油总量要满足其自身的应急需求量；②需求点所接收的成品油总量来源于物流运输网络中所划分的储备基地；③储备基地必须保证所有的成品油可以全部完成分配，即储备基地的储备量必须保证足量供应所覆盖的需求点。

综合湖南、广东、四川、贵州等公布的成品油供应应急预案，研究设定了四种不同等级的预警情景，成品油应急需求量有所差别。一般而言，成品油常备库存量不得低于 15 天销售量，当成品油库存低于 10 天需求的，启动一般预警（IV级）；当成品油库存低于 8 天需求的，启动较重预警（III 级）；当成品油库存低于 6 天需求的，启动严重预警（II 级）；当成品油库存低于 4 天需求的，启动特别严重预警（I 级）。

综上所述，建立长江三角洲地区成品油应急储备及布局优化模型如下所示：

$$\min f_1 = \sum_{i=1}^{11}\sum_{j=1}^{25}\sum_{k=1}^{3} T_{ijk}{}^l G_k D_{ij}$$

$$\min f_2 = \sum_{i=1}^{11}\sum_{j=1}^{25}\sum_{k=1}^{3} T_{ijk}{}^l \cdot t_{ijk}$$

$$\text{s.t.}\ \ R_{jl} = Q_{jl} \qquad\qquad j=1,2,\cdots,25\,;\, l=1,2,3,4$$

$$\sum_{i=1}^{11}\sum_{k=1}^{3} T_{ijk}{}^l = R_{jl} \qquad j=1,2,\cdots,25\,;\, l=1,2,3,4$$

$$\sum_{j=1}^{25}\sum_{k=1}^{3} T_{ijk}{}^l = S_i \qquad i=1,2,\cdots,11;\, l=1,2,3,4$$

$$T_{ijk}{}^l > 0$$

式中，i 为成品油储备基地；j 为成品油需求点；k 为成品油运输方式；l 为成品油中断预警情景；Q_{jl} 为在情景 l 下需求点 j 的成品油需求量；D_{ij} 为储备点 i 与需求点 j 之间的距离；$T_{ijk}{}^l$ 为在情景 l 下，储备基地 i 采用第 k 种运输方式向需求点 j 的发运量；t_{ijk} 为储备基地 i 以运输方式 k 运往需求点 j 的单位运输时间；R_{jl} 为在情景 l 下，需求点 j 接收到的成品油总量；S_i 为储备基地 i 的成品油储备量；G_k 为成品油运输方式 k 的单位运输成本。

8.2.3　数据来源

2005 年至 2015 年长江三角洲地区（江苏、浙江、上海）成品油消费量数据来源于历年《中国能源统计年鉴》，主要品种包括汽油、煤油、柴油和燃料油。在时间序列数据的基础上，应用灰色模型对 2020 年长江三角洲成品油消费总量进行了预测，结果为 8044 万 t，其中残差的相对误差均值小于 5%，模型检验精度为合格，发展灰数为–0.038，证明 GM(1,1) 模型可用于中长期预测[95]。根据预测结果，2020 年长江三角洲地区的成品油日消费量约为 22.04 万 t。

根据成品油常备库存天数和库存可用天数之间的差值,以补足常备库存的库存量为储备规模,确定四种预警情景下的应急需求总量(表8.2)。由于各城市成品油需求量数据获取困难,考虑到相关研究表明地区成品油消费量与GDP呈正相关[96],根据各城市2015年GDP比重赋予相应的权值,利用所预测的应急需求总量测算出了不同预警状态下各城市成品油的需求量,见图8.2。参考市场运价和已

表 8.2　不同预警情景的成品油需求量

预警等级	含义	库存短缺天数/d	成品油储备量/万 t
一般预警(IV 级)	成品油库存低于 10 天需求	5	110.19
较重预警(III 级)	成品油库存低于 8 天需求	7	154.27
严重预警(II 级)	成品油库存低于 6 天需求	9	198.35
特别严重预警(I 级)	成品油库存低于 4 天需求	11	242.42

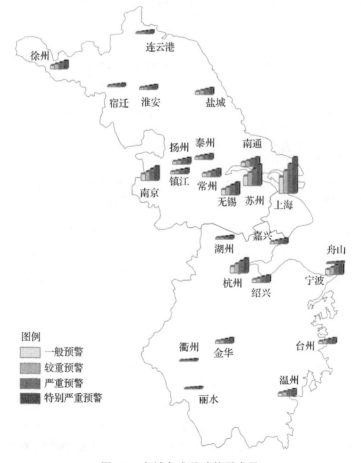

图 8.2　各城市成品油的需求量

有研究结果[97,98]，设定水路单位运输成本为 0.04 元/吨公里，铁路的单位运输成本为 0.23 元/吨公里，管道的单位运输成本为 0.05 元/吨公里，铁路、管道和水路的速度分别为 80km/h、7.2km/h、28km/h。储备基地和需求点之间的距离根据其地理坐标测算得出，单位运输时间由运输距离和单位速度相除所得。

8.3 储备布局优化结果分析

在单目标状态下，初步应用 lingo 软件来寻找最优解，即分别考虑应急响应时间最短以及成本最低两种目标条件下的最优目标值。为了实现多目标的平衡，即时间和成本之间的协调，进一步应用 Matlab 将单目标状态下的最优值设定为多目标函数 fgoalattain 的期望目标，权重设定为期望目标的绝对值[99]，从而计算得到四种应急预警情景下的运输方案的满意解。以一般预警情景为例，从储备规模和布局优化两个角度对运输方案作进一步分析，并利用 Arc gis 9.0 软件对长江三角洲地区的整个优化结果进行符号化处理，其他情景同样适用。

8.3.1 储备规模分析

随着预警情景等级的提升，成品油可用库存天数减少，需达到安全库存的需求量越大，每个储备点的储备量也逐渐增加，储备总量由 110.19 万 t 增长到 242.42 万 t，见表 8.3。根据储备规模优化结果，可以大致将储备点划分为三个层次：第

表 8.3 储备基地的储备规模优化结果

编号	储备点	储存量/万 t			
		一般预警	较重预警	严重预警	特别严重预警
1	舟山	12.49	17.48	22.46	27.43
2	宁波	14.11	19.78	25.43	31.12
3	上海	13.84	19.35	24.88	30.40
4	南京	10.87	15.22	19.60	23.94
5	常州	10.88	15.26	19.61	23.97
6	泰州	10.91	15.26	19.58	23.96
7	扬州	10.87	15.24	19.61	23.95
8	杭州	13.18	18.42	23.70	28.96
9	徐州	4.42	6.18	7.97	9.70
10	淮安	4.42	6.20	7.96	9.75
11	连云港	4.20	5.88	7.54	9.24
储备总量		110.19	154.27	198.35	242.42

一层次包括舟山、宁波、上海和杭州，这四个储备基地满足沪浙沿海地区以及浙西北地区的成品油应急需求，覆盖范围大，覆盖区域成品油需求大，需要较大的储备规模；第二层次包括南京、常州、泰州和扬州，主要负责沿江地区的成品油应急供应，这些城市的工业化和城市化程度较高，成品油需求相对较高；徐州、淮安和连云港三个储备基地服务于经济发展较苏南地区相对滞后的苏北地区，储备规模相对较小，属于第三层次。

8.3.2　储备布局分析——以一般预警情景为例

在确定各储备基地储备规模的基础上，以一般预警情景为例，按照沪浙沿海地区、沿江地区、浙西北地区和苏北地区对优化结果进行整理，从储备基地与需求点之间的调运关系、调运方式、调运量三个方面分析储备布局(图 8.3)。

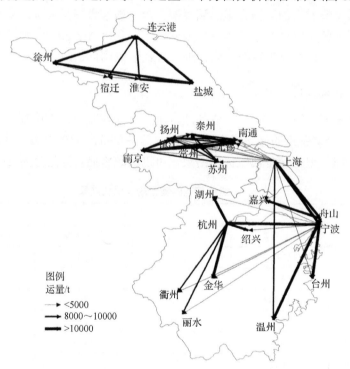

图 8.3　一般预警情景下长江三角洲地区成品油应急调运量

1. 沪浙沿海地区

沪浙沿海地区拥有舟山，宁波和上海三个储备基地，覆盖的城市包括舟山、宁波、上海、嘉兴、台州和温州，主要采用管道、水路和铁路三种运输方式。在一般预警情景下(表 8.4)，舟山储备基地供应本区域的应急调运量为 8510t，采用

海运分别满足宁波、上海、嘉兴、台州和温州约 22083t、40911t、16921t、17403t
和 19047t 的应急需求量；镇海储备基地满足宁波 16643t 应急需求，通过管道、铁
路和海路向上海的应急调运量分别为 23357t、24599t 和 24463t，向嘉兴、台州和
温州的应急调运量分别为 1120t、1909t 和 5492t。上海储备基地供应本市 83216t
的成品油应急需求，向宁波、嘉兴、台州和温州的应急调运量分别为 24347t、9649t、
8700t 和 11833t。

表 8.4　沪浙沿海地区成品油调运方案　　　　（单位：t）

储备点	需求点					
	舟山	宁波	上海	嘉兴	台州	温州
舟山	8510	—	—	—	—	—
	—	海 22083	海 40911	海 16921	海 17403	海 19047
宁波	—	—	管 23357	—	管 0	管 200
	—	16643	铁 24599	铁 711	铁 1055	铁 2789
	海 100	—	海 24463	海 409	海 854	海 2503
上海	—	管 7295	—	管 2965	—	—
	—	铁 8815	83216	铁 3741	铁 4555	铁 6302
	海 8	海 8237	—	海 2943	海 4145	海 5531

注：一 代表不存在这种调运关系，下同。

从优化结果看，当储备点和应急需求点的距离较近时时，管道、铁路和海路
方式应急调运量差别不大，如上海通过管道、铁路和海路运往宁波的成品油分别
为 7295t、8815t 和 8237t。当储备点与需求点的运输距离较大时，三种调运方式的
应急调运量差别较大，管道运输明显减少，如由宁波通过管道向温州的应急调运
量仅为 200t，而通过铁路和海路的应急调运量分别为 2789t 和 2503t。

2. 沿江地区

沿江地区涵盖了江苏省苏南苏中的八市，由上海、南京、常州、泰州和扬州
储备基地满足应急需求，主要采用中石化苏南管道、苏北管道、长江水运和沿江
铁路应急调运。由于南通缺乏成品油管道，主要通过铁路和长江水运进行应急调
运。布局方案表明（表 8.5），上海储备基地向沿江地区的应急调运量几乎为 0，只
有少量成品油调运至距离较近的苏州和无锡。由于沿江八市距离较近，各储备基
地的储备规模相差不大，调运方式多样且相对均衡，在满足自身应急需求的同时，
对外应急调运量和调运方式基本相当。以南京为储备基地为例，满足本区域的应
急需求量为 20849t；分别通过管道、铁路和江路向苏州应急调运 8215t、10079t

和 9694t；向无锡、常州、镇江、南通、泰州和扬州的应急调运总量分别为 16095t、9852t、7072t、12168t、6339t 和 8358t。也是由于各城市距离较近的原因，长江水运在应急调运中发挥了重要的作用。

表 8.5　沿江地区成品油调运方案　　　　　　　（单位：t）

储备点	需求点							
	南京	苏州	无锡	常州	镇江	南通	泰州	扬州
上海	铁 0	铁 331	铁 117	铁 0	铁 0	铁 0	铁 0	铁 0
	江 0	江 170	江 1	江 5	江 0	江 0	江 0	江 0
南京	20849	管 8215	管 4319	管 2467	管 1830		管 1304	管 2465
		铁 10079	铁 6036	铁 3809	铁 2523	铁 6314	铁 2671	铁 3045
		江 9694	江 5740	江 3576	江 2719	江 5854	江 2364	江 2848
常州	管 5218	管 9506	管 5609	—	管 2132	—	管 1868	管 1560
	铁 6428	铁 9966	铁 5865	11453	铁 2250	铁 5904	铁 2529	铁 2674
	江 6424	江 9847	江 6098		江 2298	江 6034	江 2531	江 2645
泰州	管 5398	管 8523	管 4933	管 2839	管 1682	—	—	管 2249
	铁 6612	铁 10118	铁 6288	铁 3598	铁 2401	铁 6390	8369	铁 2916
	江 6349	江 9795	江 5850	江 3384	江 2442	江 6183	—	江 2793
扬州	管 5847	管 8112	管 4493	管 2959	管 2083	管 2182	—	
	铁 6819	铁 9902	铁 5887	铁 3755	铁 2731	铁 6169	铁 2826	8429
	江 6587	江 9930	江 5887	江 3671	江 2482	江 5557	江 2391	—

3. 浙西北地区

浙西北地区包括杭州、绍兴、湖州、金华、丽水和衢州六个需求城市，供应基地包括宁波和杭州。由于湖州和丽水还没有建成油气管道，因此只依赖于铁路应急调运。从优化结果看(表 8.6)，宁波储备基地通过管道和铁路向杭州的应急调运量分别为 13344t 和 15481t，向绍兴的应急调运量分别为 2811t 和 4522t，通过铁路向湖州、金华的应急调运量分别为 3499t、2743t，通过铁路向丽水和衢州的成品油应急调运量分别为 164t 和 864t；杭州储备基地满足本区域应急需求 50326t，通过管道和铁路向绍兴、金华和衢州的应急调运总量分别为 27833t、24076t 和 8160t，通过铁路向湖州和丽水的应急调运量分别为 12910t 和 8514t。由此可见，与宁波相比，杭州与浙西北地区内的需求城市距离较近，且位于区域中心，辐射范围较广，杭州向其他城市的应急调运量普遍多于宁波。另外，虽然宁波-金华-衢州有管道相连，但是宁波储备基地通过管道运往金华和衢州的应急调运量均为 0，表明距离较远时铁路具有快速补充的优势。

表 8.6 浙西北地区成品油调运方案   （单位：t）

储备点	需求点					
	杭州	绍兴	湖州	金华	丽水	衢州
宁波	管 13344	管 2811	—	管 0	—	管 0
	铁 15481	铁 4522	铁 3499	铁 2743	铁 164	铁 864
杭州	50326	管 13646	—	管 11359	—	管 2824
		铁 14187	铁 12910	铁 12717	铁 8514	铁 5336

4. 苏北地区

苏北地区的储备基地包括徐州、淮安和连云港，覆盖范围包括宿迁、淮安、徐州、盐城和连云港，主要通过铁路和管道进行应急调运。从优化结果看（表 8.7），徐州储备基地满足本市应急需求量为 17102t，通过管道和铁路向宿迁和淮安的应急调运总量分别为 5472t 和 6443t，通过铁路向盐城和连云港的应急调运量分别为 10214t 和 4945t；淮安储备基地供应本市应急需求量为 8664t，通过管道和铁路向宿迁和徐州的应急调运量分别为 5868t 和 14465t，铁路运往盐城和连云港的应急数量约 10364t 和 4878t；连云港储备基地满足本市的应急需求量为 7187t，通过铁路向宿迁、淮安、徐州、盐城的应急调运量分别为 5399t、6506t、10315t 和 12587t。

表 8.7 苏北地区成品油调运方案   （单位：t）

储备点	需求点				
	宿迁	淮安	徐州	盐城	连云港
徐州	管 2136	管 2266	17102	—	—
	铁 3336	铁 4177		铁 10214	铁 4945
淮安	管 2575	8664	管 6118	—	—
	铁 3293		铁 8347	铁 10364	铁 4878
连云港	铁 5399	铁 6506	铁 10315	铁 12587	7187

8.4 本 章 小 结

随着我国石油对外依存度的增加，石油供应安全和石油储备引起了政府和学者的关注，但石油储备以原油为主，对成品油应急供应和应急储备的关注不多。以长江三角洲地区为例，研究了成品油的储备布局优化问题，建立了包含 11 个储备基地、25 个应急需求点、4 个应急区域的调运网络，应用灰色预测方法和多目标优化模型研究了 2020 年成品油应急储备规模和布局方案，并以一般预警为例详细分析了应急调运关系，主要研究结论如下：

(1)考虑区域位置、储备条件、运输条件等因素，选择舟山、宁波、上海、南京、常州、泰州、扬州、杭州、徐州、淮安和连云港 11 个地区为长江三角洲成品油储备基地；考虑到区域间运输方式和应急调运成本等因素，将长江三角洲地区成品油应急调运网络分为沪浙沿海、沿江、浙西北和苏北四大区域。

(2)随着预警等级的提高，长江三角洲地区成品油储备规模不断增加，由110.19 万 t 增长到 242.42 万 t。由于覆盖范围及服务区域应急需求量的不同，长江三角洲地区各储备基地储备规模差别较大，分为三个层次，第一层次为舟山、宁波、上海和杭州储备基地，第二层次为南京、常州、泰州和扬州储备基地，第三层次为徐州、淮安和连云港储备基地。

(3)从储备布局优化结果看，在调运关系既定时，调运方式的选择受时间和成本的共同作用，在调运距离较近时，铁路、水路和管道的应急调运量差别不大，且管道调运表现出成本优势，调运距离较远时，铁路和水运表现出较大的优势。

根据研究结论，提出以下相关建议。首先，作为成品油消费量较大的区域，江浙沪三地政府应该尽快出台成品油应急储备管理办法，通过合理布局储备基地、加大成品油储备规模完善成品油储备体系。其次，加强成品油调运通道建设，尤其是管道建设，确保储备基地与应急需求点之间至少有两种或两种以上的应急运输方式，保障应急调运渠道的通畅和快捷。最后，将长江三角洲作为一个整体，建立成品油联合储备机制和应急协调机制。

第9章 能源短缺跨区域应急调度建模仿真
——以成品油为例

9.1 影响因素分析及网络构建

9.1.1 成品油供应短缺事件分析

石油作为重要的燃料和化工材料，在国民经济和社会生活中发挥不可替代的作用。受石油资源和炼化能力分布不均、自然灾害频发等因素的影响，中国成品油供应还存在较大的区域性矛盾，区域性、时段性成品油供应短缺事件时有发生，影响了国民经济和人民生活的正常运行。以下选取影响较为严重的几次成品油供应短缺事件加以分析，探讨成因、影响程度和区域间应急调度情况(表9.1)。

通过以上案例回顾可知，成品油供应短缺具有突发性、时段性、区域性特点，应急调度具有多主体、跨区域、协同性等特点。

1. 多主体

大规模的成品油供应中断事件发生后，需要政府应急管理部门、中石油、中石化为主的成品油供应企业、交通运输部门共同参与，选择合适的应急供应点，以经济合理的运输方式在最短时间内满足短缺点的资源需求。当某区域出现成品油供应中断事件时，往往通过本区域、跨区域成品油应急调度满足需求，但是当受灾需求点需求量较大无法满足时，还需要成品油生产企业加大生产力度，解决供应问题，成品油应急调度还会从流通领域延伸至生产领域。

2. 跨区域

由以上的案例可以看出，成品油供应短缺事件具有明显的跨区域特征。首先，供应短缺往往先在某一区域发生，随后向其他区域蔓延。其次，当本区域应急调度不足以满足应急需求时，需要跨区域支援。随着我国同俄罗斯、哈萨克斯坦等跨国输油管道的建成和运行，以及中国加强与IEA的合作，未来成品油跨国应急调度也成为可能。

3. 协同性

大规模成品油供应中断应急调度需要跨区域、跨领域、多组织之间共同参与，

表 9.1 成品油供应短缺跨区调度案例

时间	产生原因	影响程度	影响范围	应急调度
2003 年下半年	煤电运力的制约导致柴油消费预期水平提前；成品油的行业垄断性质导致应对举措；成品油价格缺乏灵活应对举措	持续半年：柴油供应趋减，机动车辆无油可加，经济受影响严重	华东、华南和北京等地区	中石油和中石化从全国紧急调度支援短缺严重地区
2005 年 8 月	季节因素拉动消费需求；国内成品油供需矛盾严重，石化企业垄断不完善，柴油出口	持续时间较长：广东、广西严重短缺，深圳、南京、上海、黑龙江、昆明、青岛等地燃油供应吃紧	全国各地均出现不同程度油荒，主要集中在珠三角、广西及东部沿海地区	8 月初中石油、中石化从东北、华东等地紧急调度石油
2007 年 7~12 月	油价倒挂严重，柴汽比下降，部分地方炼油厂减产；拉闸限电；两巨头保供	持续半年：国内柴油生产快速下降，市场供应趋减，生产严重受阻，出现成品批零倒挂、加油站排队现象	全国各地同时出现，北京、石家庄、太原、南京等地的柴油市场持续缺油	国家发改委要求增加产量并严格控制出口量，加强产销衔接，保障重点急需
2008 年 5~6 月	汶川地震导致四川成品油生命线兰渝管道和宝成铁路受损；灾区救援需要大量成品油	地震灾区的成品油消费增加 40% 以上，当时中石油在四川的商业储备有 14 万 t 左右，大约可供半个月使用	主要影响四川地震灾区，全国其他地区因供应减少，急调度缩减供应量，出现路径微供需紧张情况	国家物资储备局从重庆、陇西等通过公路紧急调度；从华北、西北等地通过铁路等方式调油入川
2010 年 9 月下旬~2011 年 3 月	柴油供需失衡；国内成品油供应保障体系建设矛盾；季节消耗；生产消耗	持续半年：加油站限量或油，加油排成长龙，生产生活严重受阻	主要集中在东南沿海经济开发达地区和内蒙古	各地自顾不暇，中石油、中石化保障重点地区供应，山东成为重要供应地
2011 年 10 月~2012 年 3 月	迎峰度冬需求增加；运输道路受阻，成品油定价机制未理顺；原油、成品油进口垄断	持续半年：加油站限量或断供，生产生活严重受阻	华中、华东、华南和西南的大部分地区石油供应紧张	各省（市）石油公司增加柴油资源投放量；紧急从山东调度柴油应给

需要成立应急指挥中心或应急领导小组，指挥应急调度，从而在最短的时间内满足应急需求，使成品油短缺或者中断造成的损失降至最低。

9.1.2　成品油供应跨区域应急调度影响因素分析

由上面的案例可以看出，成品油供应的垄断性以及缺乏跨区域应急调度合作机制是导致成品油供应短缺和应急不力的重要原因。本部分以 2008 年汶川地震导致的灾区成品油供应中断事件为例，分析影响成品油跨区域应急调度的主要因素。

1. 应急调度过程分析

2008 年汶川地震发生后，作为四川省成品油生命线的兰成渝管道和宝成铁路严重受损，南充炼厂的成品油也因道路原因无法及时运抵成都、汶川等灾区，导致四川省内成品油储备和供应能力严重不足[100]。为满足灾区需求，国务院应急办、四川省应急办等部门协同中石油、中石化等企业，紧急开展了成品油应急调运，应急过程如表 9.2 所示。

表 9.2　汶川成品油供应中断事件的应急过程概况

时间	管道	铁路	公路	水路	区域协同应急情况	应急情况
5 月 12 日之前	兰成渝管道负责该区域67%的成品油供给	宝成铁路负责20%的成品油供给	南充炼厂负责13%的成品油供给	无	无	省内成品油储存14.48 万 t，可维持全省 5~6 天供应
5 月 12 日	中断	中断	中断	无	四川销售公司启动省应急预案，同受灾地政府开展协助	地震灾害致各运输通道中断
5 月 14 日	兰成渝管道恢复输油	中断	中断	无	出现跨区域成品油应急，以四川省内城市间的应急为主	兰成渝管道恢复输油，成品油二次配送的应急通道仍中断
5 月 14~27 日	恢复	华北任丘输油 2 万 t；东北各炼厂输油 3 万 t	重庆伏牛溪油库 1.4 万 t 输入成都	华东地区的江阴油库和海滨油库输油 2 万 t	西北、东北、华北等地区加入跨区域应急调度，与四川省共同应急灾区	公路日运量加大，灾区成品油供应增加；其他地区成品油供应紧张
5 月 28 日	四川销售公司日均供油 1.3 万 t 以上				以西北、东北和四川省内的跨区域应急调度为主	外界成品油大量进入灾区，四川省几乎恢复灾前供油水平
5 月 29 日	四川销售公司成品油库存达 25.3 万 t				以西北、东北和四川省内的跨区域应急调度为主	比灾前正常库存高 9.55 万 t
6 月	中石油输入成品油 52 万 t				以省外成品油跨区域调度为主，省内对重灾区优先调度	灾后救援及重建的资源需求得以保证

资料来源：文献[100]~[103]

　　将汶川成品油供应中断事件跨区域应急调度过程中涉及的成品油应急供应过程和跨区域应急调度主体及其所在网络进行归纳，如图9.1和图9.2所示。

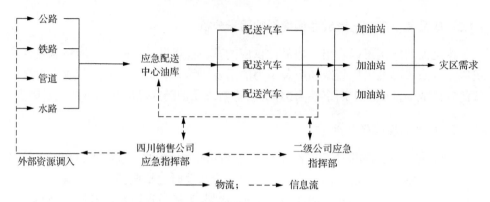

图9.1　汶川成品油供应中断的应急供应过程

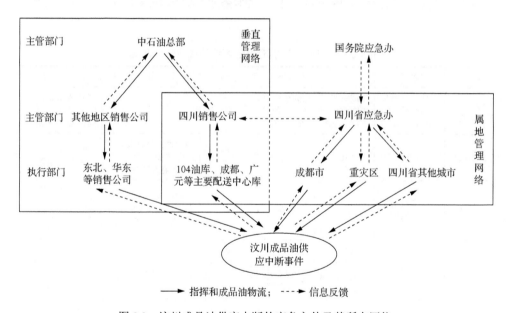

图9.2　汶川成品油供应中断的应急主体及其所在网络

　　从图中可以看出，汶川成品油供应中断事件应急调度表现出了明显的跨区域、跨部门、跨组织特征。而影响成品油跨区域应急调度的主要因素是成品油应急主体和应急路径两个方面，如图9.3所示。其中，成品油应急主体通过应急路径连接其他应急主体，通过应急路径相连主体产生作用。也就是说，应急主体和应急路径共同构成的应急调度网络决定了成品油跨区域应急调度的效率和成本。

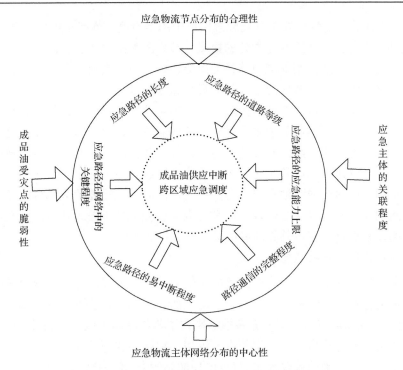

图 9.3 成品油供应跨区域应急调度的主要影响因素

2. 应急主体因素分析

成品油供应中断事件发生后，为实现成品油的跨区域应急调度，各区域内不同应急主体根据自身的功能定位，共同参与相关应急活动。应急主体在应急网络中的分布及其功能、应急主体关联程度决定了应急效率的高低。

1) 应急主体的分布范围

炼厂、油库和加油站是成品油应急调度的主要节点。在汶川地震应急调度案例中，四川作为我国石油资源贫乏地区，本身炼厂数量较少。地震导致兰成渝管道关闭和宝成铁路中断，同时公路通行能力受次生灾害影响，运输量减少，加剧了受灾地区对成品油资源短缺的恐慌心理。以受灾初期为例，省内南充炼厂的成品油无法经公路调运，由咸阳、甘肃等地紧急调度的成品油则要承受汽车长距离运输的高运输成本和高运输风险，应急主体远距离分布，增加了应急成本。

2) 应急主体的中心性

在应急物流网络中，应急主体的中心性体现在该主体在应急网络的重要程度，中心性越高则与其相连的其他主体和应急路径越多，可选的应急调度方案往往也多。应急主体的中心性一般用其在应急网络中的节点度、节点介数来衡量。其中，节点度是指应急主体连接其他主体的数量，节点度大的主体在应急网络中某些路径损坏的前提下，选择其他应急路径的机会也大，应急灵活性高；节点介数则是指应急网络中连接任意两应急主体间的最短路径经过该节点所占的比例，节点介数越大，在应急调度网络中被选为最优路径的可能性越大，网络位置越重要。该案例中，成都作为入川成品油生命线——兰成渝管道、宝成铁路的交汇处，同时也是南充炼厂至汶川、绵阳必经的中转点，其重要性不言而喻。而随着地震灾害造成的南充至汶川、绵阳等灾区的公路中断和宝成铁路中断，成都在兰成渝管道正常运行后依旧扮演成品油重要中转点的角色，并承担重要的应急调度工作；而汶川等地因为自身网络中心性较差，则在应急过程中处于被动状态，直至连接该地的公路恢复通行才获得外界的成品油应急资源。

3) 成品油短缺点的脆弱性

成品油作为重要的战略物资，其应急供应引起了重视，许多区域纷纷出台成品油供应应急预案。但是，一个地区的成品油相关基础设施(加油站、炼厂、中转油库)配置、成品油应急预案的完备性等决定了其成品油供应的脆弱性，均会影响其应对能力及应急成本。汶川案例中，汶川、绵阳和成都等地区人口较为密集，但相应的成品油基础设施较为欠缺(省内加油站较多，但中转油库和炼厂较少，成品油短缺发生后缺乏充足的救助来源)。且地震造成的道路损坏也导致了通信设施等的损坏，加大了应急运输困扰。此外，虽然中石油四川销售公司及其二级单位在地震中均启动了成品油应急预案，但该预案多为临时措施，未形成有效、完整的应对重大成品油短缺突发事件的相应机制。人口密度大、资源依赖性强、基础设施薄弱及应急意识差等因素，导致绵阳、成都等成品油短缺点的脆弱性较大，并导致了 5 月 13 日及 5 月 14 日群众的不理性成品油消费[100]。

4) 应急主体间的关联性

随着区域经济关联性的增强，为应对突发事件，我国已建成各类跨区域应急合作机制 1200 多个[104]，但在跨区域成品油应急合作方面未进行详细规划。实际上，应急主体间的关联性决定着应急调度优先程度，对跨区域应急效果影响较大。应急主体关联包括地理关联、经济关联和行政关联等[105]。地理关联主要指区域间连接道路的道路等级、规模及区域间的地理距离等；经济关联主要指区域间经济溢出效应等反映区域间经济水平的指标等；行政关联主要指区域间的行政级别和管辖范畴等。汶川地震中，重庆、陕西与四川有较强的地理关联和经济关联，作为成品油资源供应点和邻近省份，优于华东、东北等应急供应区；省内其他非受灾点县市作为应急出救点，体现出行政关联对成品油应急调度的影响。

3. 应急路径因素分析

成品油跨区域应急调度的路径影响主要体现在应急路径的通行能力方面[106]，既需考虑调度时间，也需考虑安全性和畅通性等因素。应急路径的通行能力是成品油供应中断事件发生后应急调度需要考虑的首要问题，同时也影响着应急主体间的衔接效率和整体应急效果。具体因素为路径的长度、脆弱性、最大应急能力和路径通信能力的完整性等。

1) 应急路径的长度

应急路径的长度是衡量应急时间最直接的物理指标，是应急调度考虑的首要因素。但是，自然灾害等突发事件会显著降低物流网络的通行能力，增大应急物资的调度风险和运输成本。在汶川案例中，地震次生灾害导致成都、南充等地通往汶川、绵阳等地的成品油运输公路中断，在紧急恢复公路进行成品油应急运输时，应急路径长度虽然没有改变，但是公路通行能力下降，运输时间及运输风险均增加。此外，地震也导致入川铁路宝成铁路中断，通过襄樊铁路临时调度成品油进入灾区，运输距离增大导致应急成本增加。

2) 应急道路的脆弱性

当某地区出现成品油供应中断事件需要跨区域紧急调度时，应急路径的安全等级、破坏程度、易损程度等因素均会影响应急运输效率。在交通应急网络中其影响被称为路径脆弱性[107]。

(1) 应急路径的道路等级。不同应急路径存在着不同的道路等级，从而决定了通过该路径的应急流量和通行时间。成品油运输路径一般为铁路、管道、水路和公路。铁路和管道相对而言受天气等因素影响较小运输较为稳定，而水路和公路则易受突发事件等因素影响，运输风险较大。就国内公路而言，根据使用任务、功能和流量等被分为高速、一级、二级、三级和四级五个等级，不同等级对应的应急时间和应急效率不同。汶川案例中，省外成品油公路运输路径如成渝高速和绵广高速多为国道高速运输，等级为高等级公路，运输时间较短；而马尔康—理县—汶川的 317 国道则是汶川县城仅有的"成品油运输生命线"，国道的畅通有效缓解了灾区成品油的大量需求；而兰成渝管道的重新开放更是从根源上减轻了四川省内的成品油短缺问题，为灾区恢复重建提供了成品油保障。

(2) 应急路径的易损性。不同应急路径对应着不同的道路环境和安全性，决定了其关联其他路径的能力和易中断程度。一条路径越易中断，表明其在应急调度网络中越脆弱，越容易导致整体网络应急效率的下降。汶川案例中，灾情初期成都都江堰至汶川的公路受损严重，线路中断，导致了外界成品油资源进入重灾区的效率降低，增加了调运成本。

（3）应急路径在网络中的重要程度。不同应急路径关联着不同的应急主体和其他应急路径，决定了其影响网络整体调运的能力。越是处于关键地位的路径，在应急调度网络中越脆弱，其中断易导致整体网络应急效率的大幅度下降。汶川案例中，灾情初期担负该区域67%成品油供给的兰成渝管道关闭，导致成品油应急调度网络脆弱性增大，使得老百姓对成品油短缺的预期加大，增加了成品油应急调度成本。

3）应急道路的应急能力上限

考虑到应急路径的运输距离和脆弱性后，在保证应急路径通畅的前提下，还需考虑路径的最大应急能力。路径的应急能力上限决定了该路径单位时间内成品油资源的运输量。汶川案例中，成品油供应中断初期兰成渝管道及宝成铁路的同时中断，导致通往四川和灾区的成品油供应量锐减，此时该运输方式的应急能力下降为零，灾区成品油短缺风险增大；随着兰成渝管道的恢复、襄樊铁路输油入川及连接汶川等重灾区的公路恢复通行能力，各种路径的最大应急能力增大，从而有效缓解了灾区的成品油短缺，减少了经济损失。

4）应急路径的通信保障

成品油应急信息的传导过程也存在一定程度的"牛鞭效应"，当成品油应急主体只根据自身相邻节点的需求信息进行决策时，需求信息的不真实则会沿着整个应急网络逆流而上且不断积累放大，会加大供应短缺的恐慌，降低应急网络的应急效率，造成资源浪费。因此，通信信息的安全性和完整性有利于保障整个应急流程的高效运行。良好的通信能力和通信完整性有利于及时了解道路状况或更改应急调度路线，降低应急运输车辆的通行风险和运输成本。汶川地震中，受灾较为严重的汶川、青川等8个县市的电话通信中断，上千个联通、移动基站中断通信服务，使得重灾区加油站成为信息孤岛，无法及时有效地传递需求信息，形成了成品油需求信息失真的"牛鞭效应"。而德阳、绵阳、广元等地的二级石油销售公司在自有通信网络中断情况下，及时加入当地应急通信网络，从而保障了灾区信息的收集和真实传递，并且将应急路网中的道路情况进行实时收集和广播，帮助应急调度中心根据道路情况动态变化制订最优化调度方案，使得应急供应和应急需求实现了有效衔接，节省了大量宝贵救灾时间和运输成本。

9.1.3　应急调度网络的构建及分析

通过以上的分析发现，成品油应急主体在应急网络中所处的位置和主体间的关联程度及连接主体的路径脆弱性、易毁性、信息完整性等因素均会影响成品油跨区域应急调度的应急效率，本部分就成品油应急主体和路径构建跨区域成品油应急调度网络，并分析上述因素对成品油应急调度网络的影响。

成品油物流是成品油销售企业根据市场需要，通过一定途径实现成品油从供应端到消费端的实体流动过程。该过程涵盖成品油的储存、运输、配送、信息处理等多环节[108]。它包含一次物流和二次物流，如图 9.4 所示。其中，成品油一次物流是指从炼油厂到达各省(直辖市)级的成品油销售公司油库的中转储存过程，其特点是运输距离长且运量较大，多通过铁路、管道、水运等方式实现跨区域的大批量运输；成品油的二次物流主要是指成品油配送中心根据供需情况而相应开展的计划、组织和控制过程，该阶段多考虑通过运输的少环节、短流程和高效率来实现低成本目标，多针对区域内的小批量成品油配送运输。

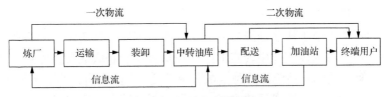

图 9.4　成品油物流过程

将成品油物流简洁化，则成品油物流主要联结炼厂、中转油库、加油站及用户，而炼厂、中转油库和加油站成为重要节点，如图 9.5 所示。

图 9.5　简化的成品油物流过程

结合应急物流网络的相关研究及成品油物流特点，可将成品油应急调度网络理解为：在应急区域范围内重点建设若干个应急型成品油物流中心(对应具有较远市场辐射的枢纽型中转油库)，并借助物流和信息网络将周边应急部门(如交通部门、民政部门等)、各类应急企业(如原油开采企业、炼化企业等)、石油储备基地(各省级成品油储备点等)，实现与成品油应急物流中心的相连，并依托应急物流中心的辐射作用，协同完成成品油应急调度任务。应急主体和应急路径作为该网络构成的主要因素，通过其相互配置进而衍生补充其他相应的设施，从而影响整体应急物流网络的辐射范围、强弱和网络结构的合理程度。

根据成品油应急物流网络的定义和应急主体的辐射强弱及物流功能定位，将应急主体精简为成品油应急资源的出救点、紧急中转点和供应中断受灾点。

1) 成品油应急出救点

成品油应急出救点是成品油资源供给来源，处于跨区域成品油应急主体的最上游，在成品油跨区域应急调度中扮演重要角色。成品油应急出救点一般远离成品油短缺点，主要包括应急救灾物资储备库、各大炼厂及其他形式的社会资源救助企业和部门等。成品油出救点的成品油资源经中转点到达成品油受灾点，该过程多伴随管道、铁路、水路、公路等多种成品油运输方式。

2）成品油应急中转点

成品油应急中转点位于成品油应急主体网络的中间层次，在整个成品油跨区域应急调度过程中面向整个应急网络提供物流活动支持，扮演承上启下的重要角色。成品油应急中转点的设置要靠近成品油短缺点，能够依靠交通枢纽对成品油应急调度资源进行有效、快速的流通集散和中转。成品油应急资源的应急中转点主要指区域内较为大型的中转油库和成品油集散中心。

3）成品油短缺点

成品油短缺点位于成品油应急主体集合的最下层，是跨区域应急调度的目的地。成品油短缺点通过应急中转点的中转和集散功能获取成品油应急出救点的资源救助，从而实现成品油资源的跨区域应急调度。一般而言，若距离中转点较远，则考虑铁路、管道等长距离运输方式；若短缺程度较弱、距离较短，则考虑公路等较为便捷的运输方式。

成品油运输采用的运输方式多为铁路、管道、航运和公路。各种运输方式根据不同应急情况，将成品油应急出救点、成品油应急中转点和成品油短缺点这三类应急主体通过它们之间相连的应急路径串联起来，构建一个完整的成品油应急调度网络。该调度网络通过应急主体和应急路径的有效衔接，可快速输送成品油应急资源至受灾点，满足灾区的资源需求。

通过以上分析，构建跨区域的成品油应急网络如图 9.6 所示。图中实线代表在区域内进行成品油流通的应急路径，虚线代表跨区域成品油应急路径。各区域内成品油资源出救点的成品油资源通过应急运输到达应急中转中心，再经应急中转点集散至各成品油短缺点，实现成品油的跨区域应急调度。

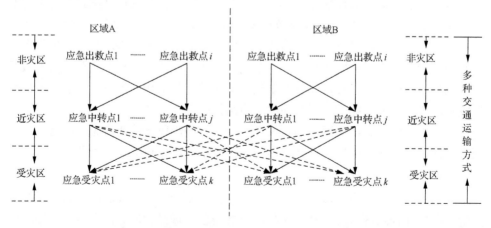

图 9.6　跨区域的成品油应急调度网络

9.1.4 成品油跨区域应急调度网络的社会网络分析

社会网络是社会行动者与他们之间关系的集合，表述的是多个点(社会行动者)和各点之间的连线(行动者之间的关系)组成的关系[109]。社会网络分析方法(SNA)主要分析点和线间双向的交互作用，现已广泛应用于描述网络主体间隐形信息之间存在的关系。社会网络分析包含整体网络测度和局部网测度两方面，前者专注于网络整体结构的分析，常用指标有网络规模、网络密度和网络关联度等，主要分析网络中主体的关系；后者偏重于网络主体对网络结构的影响，主要指标为中心度和结构洞指数等相关指标[109]。鉴于跨区域成品油应急调度网络和社会网络的相似性，此处利用社会网络分析方法研究跨区域成品油应急调度网络中应急主体和应急路径的交互关系及二者对应急调度网络的影响程度(表 9.3)。

表 9.3 跨区域成品油应急调度网络测量指标

指标		指标说明
整体网测度指标	主体个数	有向网络中全部应急主体的个数
	连接度	有向网络中所有应急主体连接的有向边的个数
	网络密度	有向网络中应急主体部分的紧凑程度
	网络关联度	有向网络中主体相互关联的程度
局部网程度指标	活跃指数	有向网络中某主体连接其他主体的程度
	贡献指数	有向网络中某主体对其他主体的资源贡献程度
	结构洞指数	有向网络中主体间的非冗余性关系，占据结构洞的主体越易控制网络信息的流通

注：活跃指数、贡献指数和结构洞指数的计算公式参照文献[110]

现构建一个简易的包含两区域的跨区域成品油应急调度网络 M，其中区域 A 内有两个成品油资源出救点，两个成品油中转点和两个成品油短缺点；而区域 B 内有一个成品油资源出救点，两个成品油中转点和两个成品油短缺点。为便于比较，故设置三种不同应急调度情况：其中参照组为图 9.7(a)；对照组为图 9.7(b) 中的应急主体 A4 消失，与之相邻的所有应急路径也随之消失，其他应急主体和应急路径连接方式不变；对照组图 9.7(c)中适当减小区域 A 与区域 B 间跨区域相连路径。

基于 UCINET 软件，通过测度跨区域应急调度网络三种不同情况时的网络规模、连接度、网络密度和网络关联度等整体性指标，分析不同应急主体和不同路径变化后跨区域应急调度网络的整体结构特征。具体的网络整体测度结果和网络局部程度结果见表 9.4 和表 9.5。

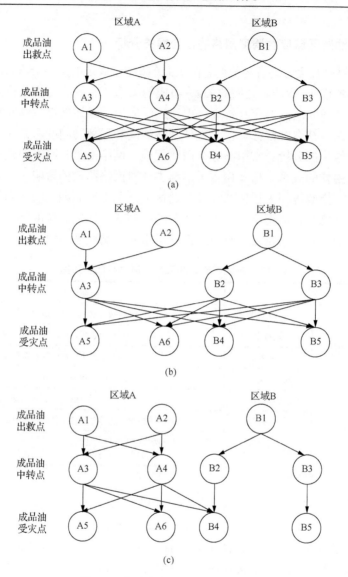

图 9.7　成品油跨区域应急调度情况

表 9.4　跨区域成品油应急调度网络整体测度结果

测度指标	应急调度情况		
	情况(a)	情况(b)	情况(c)
主体个数	11	10	11
连接度	22	16	13
网络密度	0.2000	0.1455	0.1182
网络关联度	0.3091	0.2545	0.1901

表 9.5　跨区域成品油应急调度网络局部测度结果

应急主体	活跃指数			贡献指数			结构洞指数		
	情况(a)	情况(b)	情况(c)	情况(a)	情况(b)	情况(c)	情况(a)	情况(b)	情况(c)
A1	1	0.5	1	1	1	1	0	0	0
A2	1	0.5	1	1	1	1	0	0	0
A3	3	3	2	0.333	0.333	0	0.044	0.089	0.022
A4	3	—	2.5	0.333	—	0	0.044	—	0.044
A5	2	1.5	1	−1	−1	−1	0	0	0
A6	2	1.5	1.5	−1	−1	−1	0	0	0
B1	1	1	1	1	1	1	0	0	0
B2	2.5	2.5	1	0.6	0.6	0	0.022	0.022	0.011
B3	2.5	2.5	1	0.6	0.6	0	0.022	0.022	0.011
B4	2	1.5	1	−1	−1	−1	0	0	0
B5	2	1.5	0.5	−1	−1	−1	0	0	0

先对三种情况下的跨区域成品油应急调度网络的整体测度结果进行分析，随着网络中应急主体和应急路径的减少，则有：①网络密度显著下降，跨区域应急调度网络中主体的合作水平总体下降且整体主体间的合作水平不高；②网络关联度显著变小，情况(b)和情况(c)较低的关联度说明随着跨区域应急调度网络中应急主体和应急路径的减少，网络中多数成品油应急主体间可达性下降，导致网络合作水平较低。

接着分析三种情况下跨区域成品油应急调度网络的局部测度结果，则有：①对于活跃指数而言，应急主体和应急路径的减少均会导致该指标的减小。②对于贡献指数而言，应急主体 A1、A2 和 B1 在三种情况下的贡献指数均为 1，表明这些主体是应急资源的拥有者，援救能力强，正好对应成品油应急出救点的功能定位；应急主体 A5、A6、B4 和 B5 在三种情况下的贡献指数均为−1，表明这些主体是应急资源的接受者，正好对应成品油应急受灾点的角色需求；而情况(c)中应急主体 A3、A4、B2 和 B3 的贡献指数均为 0，活跃指数较高，表明这些主体负责协调应急资源的流动，在网络中作为资源协调者使成品油资源的接收和提供均衡，对应成品油应急中转点承上启下的功能定位。③对于结构洞指数而言，情况(b)中因应急主体原因导致中转点 A4 消失，而中转点 A4 的消失导致区域 A 中仅剩的出救点 A3 拥有较多结构洞，对成品油的跨区域应急调度具有较强的资源控制力；而情况(c)中由于各种路径影响因素，导致与应急主体 A3、A4、B2 和 B3 相连的应急路径减小，从而也导致了这四个应急主体拥有的结构洞减少，对成品油应急资源的控制能力下降。

9.2 跨区域成品油应急调度超网络模型

9.2.1 应急调度超网络及其等价结构

针对成品油应急活动中典型的资源救助过程，将涉及的不同区域定义为以区域 A 和区域 B 为例的跨区域成品油应急调度的超网络结构(图 9.8)。其构建过程如下：

(1)将跨区域的成品油应急调度过程抽象为一个具有三层结构的网络，把各区域的多个成品油资源出救点 I(资源供应点)、中转点 J(资源集散和分配点)和受灾点 K(资源需求点)等应急主体抽象为跨区域应急网络中的节点，将各区域及区域间发生的成品油调度量抽象为网络中的有向连接边，比如由成品油中转点指向成品油短缺点的连接边则表示应急成品油资源从中转点出发被调配至受灾点进行应急救援。该有向连接边在网络图中用实线表示。图 9.8 中最右侧和最左侧分别为区域 A 和区域 B 内的成品油应急调度网络。

(2)相比普通成品油物流中的资源调配，跨区域的成品油应急调度更需要考虑区域间的相互协调关系，包括区域间的自然关联程度(如连接区域的成品油应急通道的规模等级)、经济关联程度(如是否属于同一经济带、区域间经济溢出水平等)和行政关联(如是否隶属同一行政区)等。

(3)通过大量相关文献的阅读，发现成品油应急方面的研究较少关注区域关联度对应急效率和应急成本的影响。本章在构建跨区域成品油应急调度超网络中加入该因素，并在模型中构建两个与成品油应急资源调度网络相同结构的区域关联网络，分别以区域内各应急主体的关联程度作为网络流，如图 9.8 中位于中间位置的两个网络；这里将跨区域成品油应急调度网络构建为一个包含不同性质却相互作用的超网络结构，该超网络结构里既有不同层级间的纵向物流和合作，如从某成品油出救点通过一定的运输方式将一定数量的成品油运输至成品油短缺地区，成品油出救点和成品油需求点构成合作应急关系，同时也有同层级间的横向合作和竞争，如考虑选择某个合适的成品油应急资源出救点可以更加低成本地实现多受灾点的最小资源需求，而应急路径的最大应急能力决定了应急资源的有限调度，从而使得各受灾点在面对成品油出救点的资源供给方面存在需求方面的竞争。

(4)实线代表网络中各相邻层级间应急主体所开展的成品油应急调度量和关联关系，虚线则代表不同区域间成品油应急调度网络、区域关联网络和同区域间应急调度网络和区域关联网络等不同属性间的相互影响和作用。

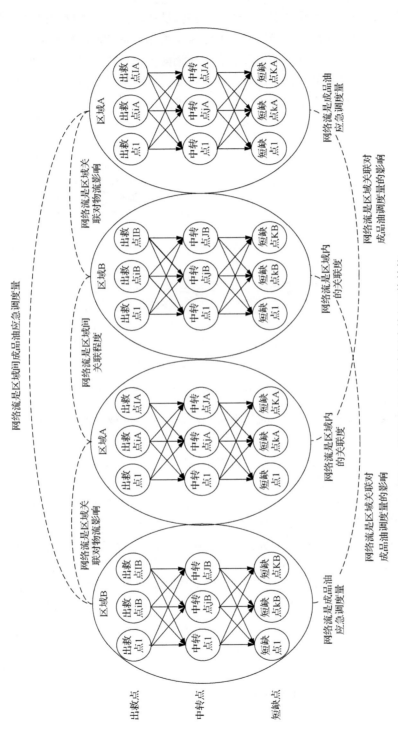

图9.8　跨区域成品油应急调度的超网络结构

　　为方便建模及网络优化分析，通过分析跨区域成品油应急调度超网络，构建了一个与之存在相同功能的网络模型，如图 9.9 所示。从该网络模型可知，各区域内的受灾点不但与本区域内的出救点有资源调配关系，也可通过区域间的关联关系接受来自其他区域的应急救助并在满足各受灾点的最小资源需求的同时，努力降低应急调配过程中产生的成本，节约社会资源。

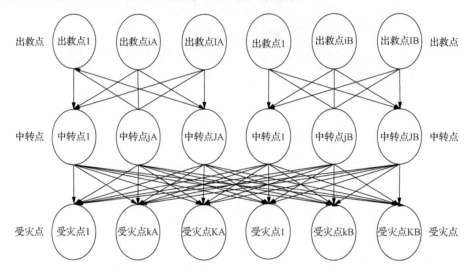

图 9.9　跨区域成品油应急调度超网络的等价结构

　　考虑到成品油在国民经济中的战略属性及不同区域间成品油应急协调合作存在的复杂性和不确定性，为了更方便且清晰地表达跨区域成品油应急的超网络模型，作出如下假设：①假设各区域的出救点所供应配送的成品油资源和出救点应急所需的成品油资源全为同种类的、无差别的，以确保在发生成品油供应短缺后各成品油出救点在选择如何实施资源救助的决策过程中无需考虑供需差异，以加快成品油的应急调度；②鉴于成品油的战略地位，假定各出救点的应急调度是在更高级别的应急指挥中心指挥下进行的，各出救点也有明确的应急救助对象，各区域的出救点均通过本区域的中转点实现本区域/跨区域的成品油应急调度；③假设出救点总的成品油应急储备量大于受灾点的成品油应急需求量；④考虑到应急路径的长度影响应急成本且在一定程度上影响路径的脆弱性，同时应急路径的通信完整性也影响应急路径的脆弱性，为方便建模，将应急路径长度和通信完整性的影响并入到应急路径的脆弱性加以考虑；⑤跨区域应急调配过程中所涉及的出救点和受灾点等主体均为理性的应急主体，在符合应急能力范围(如关联度、道路最大应急流量、应急路径的脆弱性等)且满足受灾点成品油需求的基础上，通过模型优化实现应急成本最低和时间最短的目标；⑥应急成本和时间函数均为连续可微的凸函数[111]。

9.2.2　超网络模型构建

由上述的假设条件 (1)～(6) 可知，跨区域成品油应急调度超网络的优化目标为：在一定应急能力限制、各主体及区域间关联度等条件约束下，在满足成品油短缺地区的资源需求前提下，如何选择合适的成品油应急出救点对短缺点进行最优化应急调度，从而使得应急成本最低和时间最短。

1. 跨区域成品油应急调度的超网络优化目标

考虑到成品油应急管理追求时间最短和成本最低的双重最优目标，而在众多多目标优化方法 (如传统的线性加权、遗传算法、神经网络及满意度衡量等方法) 中，传统的线性加权法因其简单易行的特点，在解决实际问题方面表现出了良好的效果，并得到广泛的应用。鉴于多目标规划的求解不是本章重点研究内容，故选取赋予权值的线性加权法将多目标规划问题转化为单目标规划问题，从而构建跨区域成品油应急调度的广义优化问题如下：

$$\min \sum_{a \in L} g_a(f_a, v_a, r_a) = \alpha_1 \sum_{a \in L} c_a(f_a, v_a, r_a) + \alpha_2 \sum_{a \in L} t_a(f_a, v_a, r_a) \tag{9.1}$$

$$s.t. \quad f_a \leqslant s_a, \quad \forall a \in L \tag{9.2}$$

$$f_a = \sum_{p \in P} x_p \delta_{ap}, \forall x_p \geqslant 0 \tag{9.3}$$

$$G_p = \sum_{a \in L} g_a \delta_{ap} \tag{9.4}$$

1) 模型中涉及的变量

(1) a 为图 9.9 所示的网络结构中连接任意两节点间的连接边，用 L 表示所有边的集合，则有 $a \in L$。

(2) p 为图 9.9 所示的网络结构中连接网络出救点和短缺点间的任一路径，即连接成品油资源出救点—成品油应急中转点—成品油短缺点的某路径 p 是由若干条边 a 组成的，全体路径的集合用 P 来表示，即 $p \in P$。

(3) v_a 为每条边的脆弱性，主要用来检验应急通道的可靠性和稳定性。该指标的选取往往通过"应急连接边易中断程度"和"哪些应急连接边在网络中作为关键连接存在"这两方面进行测度和评估。边的脆弱性越高，其应急能力稳定性越差，与此相对应的应急成本和应急时间均相应增加。

(4) r_a 为每条边之间的关联度,在应急管理中表现为边 a 连接的两个应急主体间的关联程度。其包含应急主体所在区域间的自然关联、经济关联和行政关联等。自然关联越高,表明应急运输方式及运输能力越优越,可在较短时间内实现对成品油短缺点的紧急调度;经济关联越高,受灾点受到相关联区域的救助能力就越大,越能在短时间内获得更多的资源救助;而同一行政区域内或者上下行政级别的应急主体间关联程度越高,获得外界成品油应急资源的救助能力也越强。

(5) f_a 为边 a 上的成品油调度量; s_a 为连接边 a 的成品油最大应急能力。

(6) x_p 为应急路径 p 上的流量。

(7) δ_{ap} 为连接边 a 是否包含在应急路径 p 中,若连接边 a 包含在应急路径 p 中,则 $\delta_{ap}=1$,否则 $\delta_{ap}=0$。

(8) $c_a(f_a, v_a, r_a)$ 为以连接边 a 上的应急流量、应急道路脆弱性性和关联性为变量的应急调度成本函数。

(9) $t_a(f_a, v_a, r_a)$ 为以连接边 a 上的应急流量、应急道路脆弱性和关联性为变量的应急调度时间函数。

(10) $g_a(f_a, v_a, r_a)$ 为边 a 上的广义应急成本函数; G_p 为与路径 p 相关的广义应急函数(包含成本函数和时间函数)。

2)模型中涉及的公式关系

(1)式(9.1)表示成品油跨区域应急调度的最优目标为应急时间最短和应急成本最低,广义应急成本函数 $g_a(f_a, v_a, r_a)$ 不仅与每条边的应急流量和应急脆弱性有关,还受应急连接边的应急关联度限制。

(2) α_1 和 α_2 则分别为应急成本和应急时间两目标的相应权重,且有 $\alpha_1 + \alpha_2 = 1$。若 $\alpha_1 = \alpha_2 = 0.5$,则代表该跨区域应急调度过程中兼顾运输成本和时间消耗,运输成本和时间因素同样重要;若 $\alpha_1/\alpha_2 > 1$,则代表此次跨区域应急调度过程对于成本的重视程度高于对最短救助时间的重视程度,该过程会为降低应急运输成本来牺牲最短救助时间,该情况一般发生在小规模的成品油短缺事件或事件处理后期;同理,若 $\alpha_1/\alpha_2 < 1$,则代表此次跨区域应急调度过程对于成本的重视程度低于对最短救助时间的重视程度,即该过程为实现最短时间内的资源救助,宁愿花费较多的应急运输成本。

(3)式(9.2)表示跨区域成品油应急调度中每条边的应急流量不能超过此边所对应的最大应急能力上限,在现实应急调度中可理解为每条边的应急流量不得超过两者之间的资源调度的最大负荷。

(4)式(9.3)表示某边 a 上的应急资源流量等于经过该边的所有路径 p 上的应急资源之和,其中 $x_p \geqslant 0$ 作为应急路径上应急资源流量的非负限制。

(5) 式 (9.4) 中 $G_p = \sum\limits_{a \in L} g_a \delta_{ap}$ 表示某路径 p 上的广义应急函数是由构成该路径

的所有连接边 a 上的广义应急成本函数之和。

2. 基于 Wardrop 原则的最优调度行为判定

通过大量文献阅读和现实中的成品油短缺案例分析，发现更高级别的成品油应急指挥中心对成品油应急调配作出的决策，多为尽量平衡出救点和受灾点之间的应急调度成本。考虑到该点，本研究借助交通网络均衡中的用户最优选择行为 (Wardrop 原则)[112~114] 对成品油的有效调度进行分析：

$$G_p\left(x_p^*\right) - \lambda_w^* \begin{cases} = 0, x_p^* > 0 \\ \geqslant 0, x_p^* = 0 \end{cases} \tag{9.5}$$

其中，w 表示图 9.9 网络结构中的任一起讫点对，W 是全部起讫点对的集合，$w \in W$；而 λ_w 可理解为在现实生活中应急成品油从出救点到达资源需求点所需的最低救助成本。式 (9.5) 表示 Wardrop 原则对最优调度行为的评判标准为应急救助成本的最低：只有当某应急路径 p 上的广义应急成本 $G_p(x_p)$ 等于通过该路径的最低救助成本时，此应急路径上才有应急成品油通过，即发生成品油出救点向成品油需求点紧急调度成品油的行为；否则，则选择不在该应急路径上进行成品油的紧急调度，此时该应急路径 p 上的成品油资源 $x_p = 0$。

在确定最低救助成本后，各受灾点对成品油资源的需求量则与其相对应的最低救助成本和通过各路径紧急调度的成品油资源之间存在以下等量关系[112,113]：

$$\sum_{p \in P_w} x_p^* \begin{cases} = d_w\left(v_w, \lambda_w^*\right) \lambda_w^* > 0 \\ \geqslant d_w\left(v_w, \lambda_w^*\right) \lambda_w^* = 0 \end{cases} \tag{9.6}$$

P_w 为连接某起讫点对 w 的所有应急路径的集合，任一应急路径 $p \in P_w$；而 $d_w(v_w, \lambda_w)$ 则为起讫点对 w 间对于成品油应急调度的资源需求量，假定其与该起讫点对 w 间的受灾点处的应急能力 v_w 以及最低的救助成本 λ_w 有关，而 v_w 可理解为该受灾点对成品油短缺应对的综合应急能力，一般与该受灾点的人口密度、成品油短缺的应急意识等因素有关[112,113]。式 (9.6) 表示：若存在某成品油资源出救点对成品油短缺点实现成品油的紧急调度，则各受灾点成品油紧急调度的总供给量必须满足于其资源需求量；而且，也只有当存在供应大于需求的情况时，该应急调度过程终止，此时的最低救助成本 $\lambda_w = 0$。

9.3　超网络模型的平衡状态及其求解过程

9.3.1　应急调度超网络模型的平衡状态

从模型假设条件(6)可知,本章所构建的模型是一个具有连续可微特征的凸优化问题,而凸优化问题与变分不等式之间则存在着等价转化关系。由于构建的网络为含有多个抽象节点和有向连线的多层级的且具有一定复杂性的超网络,其中变分不等式则被视为研究超网络相关问题的有效工具。基于此,将上述凸优化模型利用变分不等式与互补形式的等价性,将式(9.1)~式(9.6)转换为求解一组最优的 $\left(x_p^*, \beta_a^*, \lambda_w^*\right) \in K$ 满足变分不等式:

$$\sum_{p \in P}\left(\alpha_1 \frac{\partial C_p}{\partial x_p} + \alpha_2 \frac{\partial T_p}{\partial x_p} + \sum_{a \in L} \beta_a \delta_{ap} + G_p - \lambda_w\right) \times \left(x_p - x_p^*\right) + \sum_{a \in L}\left(s_a - \sum_{p \in P} x_p \delta_{ap}\right) \times \left(\beta_a - \beta_a^*\right)$$

$$+ \left(\sum_{p \in P_w} x_p - d_w(v_w, \lambda_w)\right) \times \left(\lambda_w - \lambda_w^*\right) \geqslant 0 \qquad \left(\forall\left(x_p, \beta_a, \lambda_w\right) \in K\right)$$

$$(9.7)$$

其中,　$K \equiv \left\{\left(x_p, \beta_a, \lambda_w\right) \middle| x_p \geqslant 0, \beta_a \geqslant 0, \lambda_w \geqslant 0, \forall p, a, w\right\}$;　$C_p = \sum_{a \in L} c_a \delta_{ap}$,　为成品油资源经过路径 p 时所需的成本;$T_p = \sum_{a \in L} t_a \delta_{ap}$,为应急成品油资源经过路径 p 时所需的时间成本。

这样,就得到跨区域成品油应急调度超网络的整体平衡条件。但是得到这些整体平衡条件并不是最终的目的,本研究追求的最终目的是求出跨区域成品油应急调度超网络整体平衡时应急路径流量分布和应急成本等值。因此,接下来的工作则是求变分不等式的解,即要求的跨区域成品油应急调度超网络整体平衡的应急路径流量分布、应急成本和最低救助成本等变量的值,需要满足什么条件、如何实现这些条件及如何利用这些条件得到上述变分不等式的解,从而验证本研究构建的超网络模型是否合理,并根据变量的变化分析总体应急调度的变化情况。

然而,成品油跨区域应急调度超网络模型的平衡状态能否达到,即式(9.7)是否有解及解的唯一性等问题,还需验证解的可行集的紧致程度,从而保证变分不等式解的存在,进而得到符合变分不等式条件的最优解。现对式(9.7)的一些特性加以研究和验证。

1．解的存在性

假设 $X \equiv \left\{ \left(x_p, \beta_a, \lambda_w \right) \middle| z_1 \geqslant x_p \geqslant 0, z_2 \geqslant \beta_a \geqslant 0, z_3 \geqslant \lambda_w \geqslant 0, \forall p, a, w \right\}$。

其中，$z = (z_1, z_2, z_3) \geqslant 0, x_p \leqslant z_1, \beta_a \leqslant z_2, \lambda_w \leqslant z_3$ 代表每个向量中的每个元素小于 z 中对应的元素。这样，K_z 是一个有界的闭凸子集。因此变分不等式

$$\left\langle F\left(X^z \right), \ X - X^z \right\rangle \geqslant 0, \forall X^z \in K_z \tag{9.8}$$

至少存在一个解[111]。

2．严格单调性

从前边对函数的假设可知，本节中提到的函数均为连续可微的凸函数。其中，应急成本函数和时间函数均为单调函数，受灾点的成品油需求量为最低救助成本的单减函数，若以上函数存在一组严格单调函数，那么变分不等式 $\left\langle F\left(X^* \right), \ X - X^* \right\rangle \geqslant 0, \forall X \in K$ 为严格凸函数，式(9.7)是严格单调的。

基于此，跨区域的成品油应急调度超网络模型的平衡条件在满足存在性、严格单调性时，有且仅有一个解[111]。此处不再加以证明。

9.3.2　求解算法

根据变分不等式解唯一的条件，需要相应的算法进行求解。

当以下情况出现时：目标函数为连续可微的凸函数且是利普西兹连续时，改进后的修正投影算法可解决任何变分不等式问题。典型的改进后的修正投影算法中带有一个可行域中的初始解。

$$X^T = P_k \left(X^{T-1} - \theta F\left(\overline{X}^{T-1} \right) \right) \tag{9.9}$$

其中，$\overline{X}^{T-1}$ 由 $\overline{X}^{T-1} = P_k \left(X^{T-1} - \theta F\left(X^{T-1} \right) \right)$ 给出，并且 θ 为一个正数，且有 $\theta \in \left(0, \dfrac{1}{\gamma} \right]$，$\gamma$ 为利普西兹常数。

基于此，对式(9.7)的变更投影方法可以实现：

步骤 1：初始值的确定

设 $X^0 \in K$ 且令 $0 < \theta \leqslant 1/\lambda$。其中 θ 为利普西兹常数，T 为变分不等式求解过程中迭代次数的计数，令其初始值 $T = 1$。

步骤 2：迭代计算

根据投影算法的具体描述，则本步骤将通过解以下变分不等式所含的子问题来进行：

$$\left(\overline{x_p}^T, \overline{\beta_a}^T, \overline{\lambda_w}^T\right) \in K$$

$$\sum_{p \in P}\left(\overline{x_p}^T + \theta\left(\alpha_1 \frac{\partial C_p}{\partial x_p} + \alpha_2 \frac{\partial T_p}{\partial x_p} + \sum_{a \in L}\beta_a\delta_{ap} + G_p - \lambda_w\right) - x_p^{T-1}\right) \times \left(x_p - \overline{x_p}^T\right)$$

$$+\sum_{a \in L}\left(\overline{\beta_a}^T + \theta\left(s_a - \sum_{p \in P}x_p\delta_{ap}\right) - \beta_a^{T-1}\right) \times \left(\beta_a - \overline{\beta_a}^T\right) \tag{9.10}$$

$$+\left(\overline{\lambda_w}^T + \theta\left(\sum_{p \in P_w}x_p - d_w(v_w, \lambda_w)\right) - \lambda_w^{T-1}\right) \times \left(\lambda_w - \overline{\lambda_w}^T\right) \geqslant 0 \left(\forall\left(x_p, \beta_a, \lambda_w\right) \in K\right)$$

步骤 3：改进

该步骤的主要目的为计算，即通过步骤 2 计算出的 $\left(\overline{x_p}^T, \overline{\beta_a}^T, \overline{\lambda_w}^T\right)$ 解下列变分不等式的子问题，从而得到 $\left(\overline{x_p}^T, \overline{\beta_a}^T, \overline{\lambda_w}^T\right) \in K$ 。

$$\sum_{p \in P}\left(x_p^T + \theta\left(\alpha_1 \frac{\partial C_p}{\partial x_p} + \alpha_2 \frac{\partial T_p}{\partial x_p} + \sum_{a \in L}\beta_a\delta_{ap} + G_p - \lambda_w\right) - x_p^{T-1}\right) \times \left(x_p - x_p^T\right)$$

$$+\sum_{a \in L}\left(\beta_a^T + \theta\left(s_a - \sum_{p \in P}x_p\delta_{ap}\right) - \beta_a^{T-1}\right) \times \left(\beta_a - \beta_a^T\right) \tag{9.11}$$

$$+\left(\lambda_w^T + \theta\left(\sum_{p \in P_w}x_p - d_w(v_w, \lambda_w)\right) - \lambda_w^{T-1}\right) \times \left(\lambda_w - \lambda_w^T\right) \geqslant 0 \left(\forall\left(x_p, \beta_a, \lambda_w\right) \in K\right)$$

步骤 4：收敛性检验

对任给一个的 $\varepsilon > 0$ ，直到 $\left|x_p^T - x_p^{T-1}\right| \leqslant \varepsilon$ ，$\left|\beta_a^T - \beta_a^{T-1}\right| \leqslant \varepsilon$ ，$\left|\lambda_w^T - \lambda_w^{T-1}\right| \leqslant \varepsilon$ $\left(\forall\left(x_p, \beta_a, \lambda_w\right) \in K\right)$，此时退出循环，得到最优解；否则，则令 $T = T + 1$，进行下一次迭代，返回步骤 2 继续计算。

上述的步骤 2 和步骤 3 中的求解式——式 (9.10) 和式 (9.11) 看起来比较烦琐，计算起来也比较麻烦，但是如果当可行域是非负的情况出现时，步骤 2 和步骤 3 中烦琐的求解式则可用一种闭式方法来替代，从而求解变量 x_p、β_a 和 λ_w，$\forall p, a, w$[111]。此时，变分不等式的求解式 (9.10) 和式 (9.11) 则变得非常简单。此处

以式 (9.10) 为例，以闭式方法进行求解。

计算应急路径流量：

$$\overline{x_p}^{T} = \max(0, x_p^{T-1} - \theta(\alpha_1 \frac{\partial C_p}{\partial x_p} + \alpha_2 \frac{\partial T_p}{\partial x_p} + \sum_{a \in L} \beta_a \delta_{ap} + G_p - \lambda_w)) \qquad (9.12)$$

计算拉格朗日系数：

$$\overline{\beta_a}^{T} = \max(0, \beta_a^{T-1} - \theta(s_a - \sum_{p \in P} x_p \delta_{ap})) \qquad (9.13)$$

计算受灾点的最低救助成本：

$$\overline{\lambda_w}^{T} = \max(0, \lambda_w^{T-1} - \theta(\sum_{p \in P} x_p - d_w(v_w, \lambda_w))) \qquad (9.14)$$

式 (9.11) 也可通过该方法进行求解。通过闭式方法，可将看似复杂的式 (9.10) 和式 (9.11) 通过较为简单的迭代算法求解。

通过上述定理和改进后的修正投影算法，最终得到式 (9.8) 的解，且得到了跨区域成品油供应中断超网络中的应急调度问题，最终得到该成品油应急调度超网络中各应急主体之间的应急流量和各路径消耗的应急成本。

9.4　模型数值仿真

以上构建了跨区域成品油应急调度超网络模型，并提供了求解算法。本部分就超网络模型进行数值分析：首先以单区域成品油应急调度为例，讨论并验证模型中关键因素对应急调度方案的影响程度；然后再对跨区域成品油应急调度超网络进行分析，通过和单区域应急调度的对比，进一步探讨各因素对于跨区域或单区域应急模式选择的影响，从而为成品油供应中断应急调度提供参考。

9.4.1　算例构建

首先构建 A 和 B 两个区域，其中每个区域均含有一个成品油出救点、一个成品油中转点和两个成品油短缺点，跨区域应急调度超网络如图 9.10 所示。区域 A 和区域 B 中的成品油资源经出救点运输至该区域内的成品油中转点，经中转点实现至受灾点的跨区域应急调度。其中，成品油的出救点、中转点和需求点的个数可扩展至更大规模，这里为方便计算将应急主体数量设置较少。

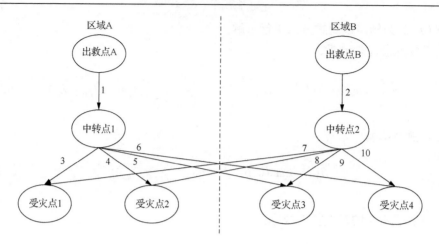

图 9.10　跨区域成品油应急调度超网络的仿真算例

考虑成品油应急活动中应急时间成本和应急运输成本的大小，算例中设置应急时间成本略高于应急运输成本，表达式的函数形式主要参考文献[112]与[113]。设置各起讫点间对成品油的需求函数 $d_w(v_w, \mu_w) = v_w - \lambda_w$[113]，其中 $v_{w1}=200$，$v_{w2}=400$，$v_{w3}=200$，$v_{w4}=400$，运输成本函数和时间成本函数的权重 $\alpha_1=\alpha_2=5$，利普西兹常数 $\gamma=100$，变量收敛条件为 $\left\| x^k - \max\left\{ x^k - F\left(x^k\right), 0 \right\} \right\| \leqslant 0.001$，各初始值均为 100，其余参数设置如表 9.6 所示。此外，为分析方便，这里不考虑变量单位，仅给出无量纲化的数值进行仿真比较。

表 9.6　跨区域成品油应急调度仿真算例中的参数设置

边	起点	终点	$c_a(f_a, v_a, r_a)$	$t_a(f_a, v_a, r_a)$	v_a	s_a	r_a
1	出救点 1	中转点 1	$(v_1+0.4-0.1r_1)f_1$	$(2.6v_1+1-0.5r_a)f_1$	$v_1=1$	$s_1=5$	$r_1=5$
2	出救点 2	中转点 2	$(2v_2-0.1r_2)f_2$	$(2v_2+1-0.1r_2)f_2$	$v_2=1$	$s_2=5$	$r_2=5$
3	中转点 1	受灾点 1	$(v_3-0.2r_3)f_3$	$(v_3+0.2-0.1r_3)f_3$	$v_3=2$	$s_3=4$	$r_3=4$
4	中转点 1	受灾点 2	$(v_4+1-0.5r_4)f_4$	$(2v_4-r_4)f_4$	$v_4=3$	$s_4=2$	$r_4=2$
5	中转点 1	受灾点 3	$(v_5+1-0.1r_5)f_5$	$(2v_5+2-0.2r_5)f_5$	$v_5=0$	$s_5=5$	$r_5=5$
6	中转点 1	受灾点 4	$(v_6-r_6)f_6$	$(v_6+1-r_6)f_6$	$v_6=3$	$s_6=1$	$r_6=1$
7	中转点 2	受灾点 1	$(2v_7-r_7)f_7$	$(2v_7+1-r_7)f_7$	$v_7=2$	$s_7=3$	$r_7=3$
8	中转点 2	受灾点 2	$(2v_8+1.5-0.5r_8)f_8$	$(v_8+2.5-r_8)f_8$	$v_8=0$	$s_8=2$	$r_8=2$
9	中转点 2	受灾点 3	$(v_9+1-r_9)f_9$	$(2v_9-r_9)f_9$	$v_9=3$	$s_9=4$	$r_9=3$
10	中转点 2	受灾点 4	$(v_{10}+1-0.5r_{10})f_{10}$	$(2v_{10}-r_{10})f_{10}$	$v_{10}=3$	$s_{10}=2$	$r_{10}=2$

9.4.2　单区域独自应急调度分析

如图 9.10 所示，若区域 A 及区域 B 单独实施成品油应急调度活动，则区域 A

及区域 B 均含一个成品油紧急出救点、一个成品油紧急中转点及两个成品油短缺受灾点。区域 A 内的应急路径为路径 1、路径 3 和路径 4，针对两受灾点进行应急调度的路径共两条：$p_1 = \{1,3\}$，$p_2 = \{1,4\}$，而以两受灾点为讫点的路径集合为 $p_{w1} = \{p_1\}$，$p_{w2} = \{p_2\}$；而区域 B 内的应急路径则为路径 2、路径 9 和路径 10，针对两受灾点进行应急调度的路径共两条：$p_3 = \{2,9\}$，$p_4 = \{2,10\}$，而以两受灾点为讫点的路径集合为 $p_{w3} = \{p_3\}$，$p_{w4} = \{p_4\}$。

将仿真算例中所设置的函数具体表达形式代入超网络均衡最优条件中，应用 MATLAB R2014a 软件进行求解。整个单区域成品油应急调度的数值求解时间为 2.954s，历经 9477 次迭代，取得了良好的收敛效果，证明了该超网络模型的有效性。将部分最优解列于表 9.7 并作为基准比对数据。

表 9.7　单区域独自应急调度的参数分析结果

均衡值	成品油调度量						最小救助成本				广义应急成本
	f_1^*	f_2^*	f_3^*	f_4^*	f_9^*	f_{10}^*	λ_{w1}^*	λ_{w2}^*	λ_{w3}^*	λ_{w4}^*	
基准结果	5.053	5.0243	3.1528	1.9002	3.0605	1.9638	196.8262	398.1131	196.9324	398.0405	39.4758
$\alpha_1 = 0.2$ $\alpha_2 = 0.8$	5.0531	5.0203	3.1529	1.9002	3.0492	1.9711	196.8276	398.1122	196.9457	398.0318	44.9450
$\alpha_1 = 0.8$ $\alpha_2 = 0.2$	5.0529	5.032	3.1527	1.9002	3.0843	1.9477	196.8245	398.1142	196.9038	398.0595	34.0970
$v_1 = 2$ $v_2 = 2$	5.0751	5.0314	3.1750	1.9001	3.0655	1.9659	196.8314	398.1122	196.9374	398.0377	58.6231
$v_{10} = 10$	5.053	5.0228	3.1528	1.9002	3.1227	1.9001	196.8262	398.1131	196.8703	398.1055	59.3253
$s_2 = 6$	5.053	6	3.1528	1.9002	4	2	196.8262	398.1131	196	398	43.4329
$s_2 = 3$	5.053	3.0003	3.1528	1.9002	1.0008	1.9995	196.8262	398.1131	198.9991	398.0005	31.4335
$s_{10} = 10$	5.053	5.0346	3.1528	1.9002	0	5.0346	196.8262	398.1131	200	394.9592	44.1232
$r_2 = 1$	5.053	5.0161	3.1528	1.9002	3.0372	1.9789	196.8262	398.1131	196.9585	398.0234	40.8841
$r_2 = 10$	5.053	5.0308	3.1528	1.9002	3.0805	1.9503	196.8262	398.1131	196.9099	398.0556	36.9662
$v_{w1} = 1000$	4.9154	5.0243	4.0999	0.8155	3.0605	1.9638	995.8900	399.2032	196.9324	398.0405	36.9195
$v_{w1} = v_{w2} = 1$	0	5.0243	0	0	3.0605	1.9638	1	1	196.9324	398.0405	22.9949

下面将对单区域应急调度超网络模型优化的相关影响因素如应急成本和时间相应权重 α_1 和 α_2、应急路径脆弱性 v_a、主体关联性 r_a、应急路径最大应急能力 s_a 及受灾点最低救助成本 λ_w 等因素进行敏感性分析，并将这些变量变化导致的整体网络中各应急路径的成品油资源、最低救助成本和广义应急成本变化情况列

入表 9.7，并与表中的基准数据作比较分析。其中，表 9.7 中均衡值列中的基准数据为表 9.6 中的原始数据，其余数据均为对照组数据。

1. 权重 α 变化对网络均衡的影响

首先讨论模型中应急成本和时间函数应急权重的变化对整体应急过程的影响。算例中运输成本函数和时间成本函数的原始权重为 $\alpha_1 = \alpha_2 = 0.5$，权重比为 1；若将两函数的权重分别调整为 $\alpha_1 = 0.2, \alpha_2 = 0.8$ 和 $\alpha_1 = 0.8, \alpha_2 = 0.2$，权重比变为 0.25 和 4。其他参数不变，则权重比变化对成品油紧急调度量、最低救助成本和广义应急成本的影响程度如表 9.8 所示。

表 9.8　权重 α 变化的影响

权重 α	成品油紧急调度量	最低救助成本	广义应急成本
$\alpha_1 = \alpha_2 = 0.5$	10.0773	1189.9122	39.4758
$\alpha_1 = 0.2, \alpha_2 = 0.8$	10.0544	1189.9173	44.9450
$\alpha_1 = 0.8, \alpha_2 = 0.2$	10.0849	1189.9020	34.0970

结果发现，$\alpha_1 = \alpha_2 = 0.5$，A、B 两区域单独应急时，总的成品油应急调度量为 10.0773，总的最低救助成本为 1189.9122，广义应急成本为 39.4758。而当相应权重调整时，则有：①当 $\alpha_1 = 0.2$，$\alpha_2 = 0.8$ 时，两区域成品油应急调度网络达到均衡后，总应急调度量为 10.0544，总的最低救助成本为 1189.9173，广义应急成本增加为 44.9450；②当权重调整为 $\alpha_1 = 0.8$，$\alpha_2 = 0.2$ 时，总应急调度量为 10.0849，总的最低救助成本为 1189.9020，广义应急成本减小至 34.0970。通过以上数据的变化，可知应急成本和应急时间的相对权重变化时，网络均衡后的区域总成品油资源流通量和基于各受灾点的总的最低救助成本均变化不大，说明权重因素的变化对其几乎不产生影响。但是权重变化却对网络达到均衡时的广义应急成本产生了显著影响，$TC_2 < TC < TC_1$，三者存在明显变化，可见权重的变化主要对网络广义应急成本产生显著影响，同时也说明在跨区域成品油应急调度中，越重视应急时间越易导致整体应急成本的增加。

2. 路径脆弱性 v_a 变化对网络均衡的影响

讨论路径脆弱性变化对网络均衡的影响，首先改变单区域中连接成品油出救点处路径的脆弱性，接着改变较靠近成品油短缺地的路径脆弱性，探讨其变化对所在区域及整体网络均衡的影响程度。

1) 成品油出救点应急路径脆弱性的影响

分别选择路径 1 和路径 2 作为参照对象。初始算例中路径 1 和路径 2 的脆

弱性为 $v_1 = v_2 = 1$，现增大路径脆弱性，令 $v_1 = v_2 = 2$，其他因素不变。仿真结果如表 9.9 所示。

表 9.9　路径脆弱性 v_a 变化的影响

v_a	区域 A 成品油紧急调度量	区域 B 成品油紧急调度量	区域 A 的最低救助成本	区域 B 的最低救助成本	广义应急成本
$v_1 = v_2 = 1$	5.053	5.0243	594.9393	594.9729	39.4758
$v_1 = v_2 = 2$	5.0751	5.0314	594.9436	594.9751	44.9450
$v_{10} = 10$	5.053	5.0228	594.9393	594.9758	59.3253

可见，随着应急路径脆弱性的增大，网络达到均衡后：①区域 A 中总的成品油应急调度量由基准结果 5.053 增加至 5.0751，区域 B 中总的成品油应急调度量由基准结果 5.0243 增加至 5.0314；②区域 A 内的最低救助成本由基准数据 594.9393 增加至 594.9436，区域 B 内的最低救助成本由基准数据 594.9729 增加至 594.9751；③网络整体的广义应急成本由基准数据 39.4758 增大至 44.9450，广义应急成本显著增加。可见，随着成品油出救点处应急路径脆弱性变大，为达到应急救助目的，出救点需适当增加出救量，而整体网络的广义救助成本和最低救助成本也随之变大。

2）成品油出救点与成品油短缺点间路径脆弱性变化的影响

分析改变 v_3、v_4、v_9、v_{10} 这四条处于成品油出救点和成品油短缺点之间的路径脆弱性的影响情况：以表 9.6 中的原始数据 $v_{10} = 3$ 为例进行仿真检验。若令 $v_{10} = 10$，即增加该路径的脆弱性，从而检验该类型路径脆弱性变化对网络均衡的影响。结果表明：①区域 B 内边 10 上的成品油调度量由基准数据中的 1.9638 降至 1.9001，该路径对应的短缺点 4 的最低救济成本由基准数据中的 196.9324 降至 196.8703；②同区域边 9 上的成品油调度量由基准数据中的 3.0605 增加至 3.1227，区域 B 内的总的成品油应急调度量为 5.0228，略低于基准数据 5.0243；③两区域实现成品油单区域应急调度的广义应急成本为 59.3253，高于基准数据 39.4758。以上数据表明，在单区域独自开展成品油供应中断的应急活动中，位于成品油出救点和成品油短缺点间的路径脆弱性变大，将会导致流经该路径的成品油应急资源量减小，而包含此路径在内的起讫点对间的最低救助成本 λ_w 变大，网络整体的广义应急成本增大。

综上所述，应急路径的脆弱性会导致所在路径的成品油应急调度量发生变化：资源出救点处的应急路径脆弱性增大导致该路径应急资源量增多，但成品油短缺点的应急路径脆弱性增大会导致该路径应急资源量减小，并导致受灾点处的最低救助成本增大。但是不同级别的应急路径的脆弱性变大，都会导致受灾点处的最低救助成本和广义应急成本增大。

3. 路径最大应急能力 s_a 变化对网络均衡的影响

上面讨论了路径脆弱性对网络均衡时最优路径流量、网络广义应急成本的影响，现分析路径最大应急能力对网络均衡产生的影响。

1) 成品油出救点处连接边的最大应急能力改变的影响

以表 9.6 中的边 2 为例进行研究分析。考虑到连接边 2 的边 9 和边 10 的最大应急能力 $s_9 = 4, s_{10} = 2$，现将仿真算例中 $s_2 = 5$ 增加至 $s_2 = 6$，其他参数不变，检验其变化对网络均衡的影响情况。仿真结果如表 9.10 所示。

表 9.10　成品油出救点处路径最大应急能力 s_a 变化的影响

s_a	区域 B 成品油紧急调度量	边 9 的成品油调度量	边 10 的成品油调度量	区域 B 的最低救助成本	广义应急成本
$s_2 = 5$	5.0243	3.0605	1.9638	594.9729	39.4758
$s_2 = 6$	6	4	2	594	44.9450
$s_2 = 3$	3.0003	1.9002	1.0008	596.9996	59.3253

结果表明，连接边 2 的最大应急能力增加后：①与该边相连并连接受灾点处的边 9 和边 10 上的流量均有增加，边 9 的成品油资源流量由基准数据 3.0605 增加至 4，边 10 的成品油资源流量由基准数据 1.9638 增加至 2；②与之相对应的受灾点 3 的最低救助成本由基准数据 196.9324 减小至 196，受灾点 4 的最低救助成本由基准数据 398.0405 减小至 398。反之，若减小该边的最大应急能力上限，如令 $s_2 = 5$ 降为 $s_2 = 3$，此时该边最大应急能力已远小于连接边边 9 和边 10 的上限之和。仿真结果显示：随着该边最大应急能力的下降，流经该边的成品油资源量由基准 5.0243 减小为 3.0003，应急调度量明显减少，而网络均衡后总的最低救助成本由基准 594.9729 增大至 596.9996。

简言之，该类型边的最大应急能力增加，则该边及网络整体的应急调度量增加，与该边相对应的成品油短缺点处的最低救助成本变小；反之，若该边的应急能力上限减小，则通过该边的路径上资源流通量减少，对受灾地的最低救助成本增加。

2) 成品油出救点与成品油需求点间的边最大应急能力改变的影响

将边 10 的最大应急能力上限增大至 10，其他参数不变进行仿真，仿真结果如表 9.11 所示。

表 9.11 成品油短缺点处路径最大应急能力 s_a 变化的影响

s_a	区域 B 成品油紧急调度量	边 9 的成品油调度量	边 10 的成品油调度量	对应受灾点的最低救助成本	区域 B 内的最低救助成本
$s_{10} = 2$	5.0243	3.0605	1.9638	398.0405	594.9729
$s_{10} = 10$	5.0346	0	5.0346	394.9592	394.9592

　　数据表明，随着区域 B 内边 10 的应急能力上限变大：①该边成品油调度量增加至 5.0346；因为 $s_2 = 5 < 10 = s_{10}$，边 10 应急能力上限的增大使得边 9 的成品油调度量降为 0，区域 B 内总的成品油调度量增加至 5.0346。②该边对应的受灾点 4 的最低救助成本减小至 394.9592。即随着成品油短缺点处连接边的应急能力上限增加，该边所在路径承担的成品油应急调度量增大，对应的成品油短缺点的最低救助成本减小。

　　根据以上对单区域成品油应急调度网络模型中不同层次间连接边的最大应急能力上限的改变，结果发现：单区域成品油应急调度网络中，随着网络连接边的最大应急能力变大，该网络达到均衡时则需要更多的成品油调度资源，该边对应的成品油短缺点的最低救助成本明显变小；反之，应急调度网络中连接边的最大应急能力变小，则网络均衡时所需成品油资源量减小，相应最低救助成本增加，网络应急效率下降。

　　4. 区域主体关联 r_a 变化对网络均衡的影响

　　上面分析了连接边的脆弱性和最大应急能力对单区域网络均衡的影响，现考虑应急主体间关联度对网络均衡的影响情况。以边 2 为例进行仿真，其初始值为 5，现令 $r_2=1$，其他参数不变，仿真结果如表 9.12 所示。

表 9.12 区域主体关联 r_a 变化的影响

r_a	区域 B 成品油紧急调度量	区域 B 的最低救助成本	广义应急成本
$r_2 = 5$	5.0243	594.9729	39.4758
$r_2 = 1$	5.0161	594.97819	40.8841
$r_2 = 10$	5.0308	594.9655	36.9662

　　结果表明，随着成品油出救点 2 和中转点 2 处的关联度下降，B 区域实现单区域应急网络均衡时，该路径成品油调度量由原来的 5.0243 减少至 5.0161，B 区域内总的最低救助成本由基准数 594.9729 增大至 594.978 19，整体网络均衡时的广义应急成本由基准 39.4758 增大至 40.8841，即成品油出救点处连接边的关联度

减小将导致该边的成品油应急调度量减少，该边所在区域和网络整体的最低救助成本和广义应急成本均变大。

反之，令 r_2 =10，即增加区域 B 内成品油出救点 2 和成品油短缺点的关联度，其他参数不变，仿真结果如表 9.12 所示。结果表明：随着该连接边关联度的增加，该边所在区域 B 的成品油调度量增加至 5.0308，区域内总的最低救助成本减小至 594.9655，总的广义应急成本也减至 36.9662。即随着成品油出救点处连接边的关联度增加，该边所在路径的成品油调度量增加，该边所在区域和网络整体的最低救助成本和广义应急成本均变小。

5. 短缺点脆弱性 v_w 变化对网络均衡的影响

根据构建的模型，受灾点处的脆弱性反映了该点应对成品油短缺的综合能力，决定了实施成品油资源救助的最低救助成本和该点的成品油需求量。如受灾点 1 处的脆弱性增加至 v_{w1} =1000，其他参数不变，仿真结果如表 9.13 所示。

表 9.13　区域成品油短缺点脆弱性 v_w 变化的影响

v_w	区域 A 调度量	边 3 的调度量	边 4 的调度量	受灾点 1 的最低救助成本	受灾点 2 的最低救助成本	区域 A 的最低救助成本	广义应急成本
v_{w1} = 200	5.053	3.1528	1.9002	196.8262	398.1131	594.9729	39.4758
v_{w1} = 1000	4.9154	4.0999	0.8155	995.8900	399.2032	1395.0932	40.8841
v_{w1} = v_{w2} = 1	0	0	0	1	1	2	22.9949

结果表明，随着成品油受灾点 1 处最小救助成本增加：①A 区域实现网络均衡时，受灾点 1 对应路径边 3 的成品油调度量由原来的 3.1528 增加至 4.0999，达到该边的应急能力上限，同时该区域内连接另一受灾点的边 4 上的成品油调度量由基准数据 1.9002 减小至 0.8155；②受灾点 1 处的最低救助成本由基准数据 196.8262 增大至 995.8900，受灾点 2 处的最低救助成本由基准数据 398.1131 增大至 399.2032，A 区域内总的最低救助成本由基准数据 594.9729 猛增至 1395.0932；③网络整体的广义应急成本由基准 39.4758 增大至 40.8841，即改变成品油短缺点的脆弱性，使该点应对成品油短缺的综合能力下降，则该受灾点连接边的成品油调度量明显增加，该受灾点所需的最低救助成本和网络整体广义应急成本也显著增加。

反之，减小区域 A 内受灾点 1 和 2 处的最低救助成本，令 v_{w1}=v_{w2}=1，其他参数不变，仿真结果如表 9.13 所示。结果表明，随着两受灾点处的最低救助成本减小，受灾点 1 处和 2 处对应的应急路径的成品油调度量下降至 0，对应的最低救助成本几乎为零，广义应急成本也由基准数据 39.4758 降至 22.9949，也说明若区域内各成品油需求点应对成品油短缺的综合能力较强，则其几乎不受成品油短缺的影响，所需最低救助成本几乎为零，成品油应急需求量也较小。

根据以上对单区域的成品油应急调度网络模型中成品油需求点的脆弱性的改变，结果发现：单区域成品油应急调度网络中，随着成品油需求点的脆弱性的变大，则该成品油需求点所在路径所需的成品油资源量增多，对此点开展应急调度活动所需的最低救助成本增加；反之，若区域内各成品油需求点的脆弱性较小，即该点具有较强的综合承灾能力时，则其几乎不受成品油短缺的影响，其不需要外界的成品油应急调度，且其开展成品油应急调度活动的最低救助成本几乎为零，从而可减少不必要的成品油资源调度。

9.4.3　跨区域协同应急调度分析

如图 9.10 所示，若区域 A 及区域 B 跨区域协同应急，则区域 A 及区域 B 均含一个成品油紧急出救点、一个成品油紧急中转点及两个成品油短缺受灾点，及 10 条应急边。对两区域的 4 个成品油短缺点进行应急运输，则共有 8 条应急路径：$p_1=\{1,3\}$，$p_2=\{1,4\}$，$p_3=\{1,5\}$，$p_4=\{1,6\}$，$p_5=\{2,7\}$，$p_6=\{2,8\}$，$p_7=\{2,9\}$，$p_{10}=\{2,10\}$，而以 4 个成品油短缺点为讫点的路径集合为 $p_{w1}=\{p_1,\ p_5\}$，$p_{w2}=\{p_2,\ p_6\}$，$p_{w3}=\{p_3,\ p_7\}$，$p_{w4}=\{p_4,\ p_8\}$。

将仿真算例中所设置的函数具体表达形式代入超网络均衡最优条件中，应用 MATLAB R2014a 软件进行求解，收敛条件为 $\left\|x^k-\max\left\{x^k-F\left(x^k\right),0\right\}\right\|\leqslant 0.001$，整个跨区域成品油应急调度超网络模型的数值求解时间为 2.277s，历经 12 263 次迭代，取得了良好的收敛效果，证明了该超网络模型的有效性。将部分最优解列于表 9.14 并作为基准对比数据。

其中，基准结果中区域 A 和区域 B 实现跨区域协同应急后总的成品油应急调度量为 9.9155，小于单区域应急模式下的成品油调度量 10.053；所有成品油短缺点的最低救助成本为 1190.3792，略等于单区域模式下的基准数据 1189.9393；网络均衡时的广义应急成本为 35.9410，远低于单区域模式下的基准数据 39.4329。以上三组数据表明，跨区域成品油应急调度在有效满足各受灾点的资源需求的同时，并未增加各受灾点的最低救助成本，反而有效减小了整个应急调度过程中的应急成本，也说明在此仿真算例的参数设置条件下，跨区域的成品油应急调度模式要优于单区域独自应急调度，从而说明未来各区域开展跨区域的成品油短缺协同应急将是有效节约社会资源和应急成本的首要选择。

本研究为方便比较两种不同应急调度网络的应急效果和优劣性，跨区域协同应急调度网络中参数的设置与变化均与单区域独自应急网络一致，另单独分析跨区域成品油应急调度网络中增添边 5～8 所涉及参数做敏感性分析，探讨跨区域成品油应急调度网络中区域间协调边相关参数的变化对成品油资源应急调度优化分配的影响。

表 9.14 跨区域协同应急的参数分析结果

均衡值	成品油调度量										最小救助成本				广义应急总成本
	f_1^*	f_2^*	f_3^*	f_4^*	f_5^*	f_6^*	f_7^*	f_8^*	f_9^*	f_{10}^*	λ_{w1}^*	λ_{w2}^*	λ_{w3}^*	λ_{w4}^*	
基准结果	4.9795	4.9360	0.5228	2.0297	1.3945	1.0325	0.7261	2.0563	0.0538	2.0998	199.0491	395.9045	198.5704	396.8552	35.9410
$\alpha_1=0.2$ $\alpha_2=0.8$	4.9822	4.9312	0.5365	2.0260	1.3912	1.0285	0.7339	2.0589	0.0385	2.0999	199.0071	395.9057	198.5872	396.8607	39.7851
$\alpha_1=0.8$ $\alpha_2=0.2$	4.9763	4.9421	0.5094	2.0346	1.3941	1.0382	0.7142	2.0530	0.0752	2.0997	199.0975	395.9025	198.5518	396.8477	31.9870
$v_1=2$ $v_2=2$	4.9844	4.9060	0.5266	2.0275	1.3998	1.0305	0.7077	2.0586	0.0399	2.0998	199.1852	395.9015	198.4414	396.8618	54.6125
$v_{10}=10$	4.9895	4.9818	0.5032	2.0151	1.4521	1.0191	0.7541	2.0186	0.1092	2.0999	198.8567	395.9641	198.4465	396.8741	58.1150
$s_2=6$	4.9544	5.9441	0.6458	2.0839	1.1454	1.0793	1.2189	2.0644	0.5609	2.0999	198.5083	395.8368	198.3205	396.8013	39.9943
$s_2=3$	4.9994	3.0999	0.8379	1.9865	1.1487	1.0263	0	1.9045	0	1.1954	199.1593	396.1194	198.8513	397.7570	27.9722
$s_{10}=10$	4.9945	4.9416	0.6420	1.9847	1.3431	1.0292	0	1.9033	0	3.1964	199.3613	396.1232	198.6576	395.7524	38.8272
$r_2=1$	4.9798	4.9302	0.5233	2.0293	1.3952	1.0320	0.7226	2.0567	0.0511	2.0998	199.0514	395.9043	198.5725	396.8558	36.8435
$r_2=10$	4.9787	4.9533	0.5210	2.0314	1.3921	1.0342	0.7370	2.0542	0.0623	2.0998	199.0408	395.9050	198.5637	396.8529	27.5388
$v_{w1}=1000$	4.9213	5.0005	4.0999	0	0.0000	0.8214	3.0164	1.9841	0	0	992.7078	398.0157	200.0000	399.2010	28.6423
$v_{w1}=1$ $v_{w2}=1$	5.0544	5.0650	0	0	4.1542	0.9002	0	0	3.1643	1.9007	0.9978	1	192.6463	397.2207	33.5316

续表

均衡值	成品油调度量										最小救助成本				广义应急成本
	f_1^*	f_2^*	f_3^*	f_4^*	f_5^*	f_6^*	f_7^*	f_8^*	f_9^*	f_{10}^*	λ_{w1}^*	λ_{w2}^*	λ_{w3}^*	λ_{w4}^*	
$v_{w1}=1000$ $v_{w2}=1000$	5.0995	4.9992	3.3886	1.7109	0	0	3.0153	1.9839	0	0	993.3733	996.3001	200	400	31.6839
$v_6=1$	4.9792	4.9363	0.5213	2.0299	1.3923	1.0357	0.7263	2.0559	0.0543	2.0998	199.05	395.9048	198.5721	396.8519	33.8758
$v_5=v_6=5$ $v_7=v_8=5$	4.9953	4.9503	1.9682	2.0137	0	1.0134	0	2.0998	0.7865	2.064	198.0575	395.8792	199.2287	396.917	55.0519
$s_5=s_6=1$ $s_7=s_8=1$	5.0974	5.0543	1.3848	1.9078	0.9008	0.9042	0.9442	0.9788	1.1892	1.9421	197.6972	397.1129	197.9252	397.1605	37.9777
$s_5=s_6=5$ $s_7=s_8=5$	5.0367	5.0994	0	1.5509	0	3.4858	0	4.6470	0	0.4524	200	393.7676	200	396.0462	33.2851
$s_5=s_6=10$ $s_7=s_8=10$	5.0995	4.9924	0	1.5891	0	3.5104	0	4.5653	0	0.4271	199.9262	393.8305	200	396.0407	33.2000
$s_5=s_6=100$ $s_7=s_8=100$	5.0995	4.9914	0	1.5894	0	3.5101	0	4.565	0	0.4264	199.4356	393.8333	200	396.0419	33.2000
$r_5=r_6=1$ $r_7=r_8=1$	4.9829	4.9344	1.0376	2.0319	0.8807	1.0327	0.1018	2.0685	0.6643	2.0998	198.9928	395.8889	198.4722	396.8543	38.9103
$r_5=7$	4.9850	4.9301	0.3286	2.0246	1.604	1.0278	0.7639	2.0664	0	2.0998	199.2056	395.9019	198.4065	396.8613	35.2439
$r_5=9$	4.9866	4.9303	0.115	2.0233	1.8219	1.0264	0.764	2.0664	0	2.0999	199.4149	395.903	198.1898	396.8626	34.4694

1. 权重 α 变化对网络均衡的影响

首先分析该超网络模型的优化目标中应急成本和时间权重的变化对网络均衡的影响情况。从 9.2 节的分析结果可知，权重 α_1 和 α_2 的变化对网络均衡时的各路径的最优应急资源量和受灾点处的最低救助成本不产生影响，仅对整体网络的广义应急成本有所影响。将单区域和跨区域应急调度模式下应急成本和时间权重变化对网络均衡产生的影响进行比较，如表 9.15 所示。

表 9.15 不同模式下权重 α 变化的影响

权重 α	成品油紧急调度量		最低救助成本		广义应急成本	
	单区域	跨区域	单区域	跨区域	单区域	跨区域
$\alpha_1 = \alpha_2 = 0.5$	10.0773	9.9155	1189.9122	1189.3972	39.4758	35.9410
$\alpha_1 = 0.2, \alpha_2 = 0.8$	10.0544	9.9134	1190.3607	1189.9173	44.9450	39.7851
$\alpha_1 = 0.8, \alpha_2 = 0.2$	10.0849	9.9184	1190.3607	1189.9020	34.0970	31.9870

基准结果分别为：总的成品油应急调度量为 9.9155，小于单区域模式下的应急调度量 10.0773；总的最低救助成本为 1189.3972，低于单区域模式下的基准 1189.9122；广义应急成本为 35.9410，低于单区域模式下的基准 39.4758。①当权重变化为 $\alpha_1 = 0.2$，$\alpha_2 = 0.8$ 时，成品油总的调度量为 9.9134，低于单区域模式同等条件下的 10.0544；最低救助成本为 1189.9173，低于单区域模式同等条件下的 1190.3607；广义应急成本为 39.7851，低于单区域同等条件下的 44.9450，但高于跨区域应急调度广义应急成本的基准数据 35.9410。②当权重变化为 $\alpha_1 = 0.8$，$\alpha_2 = 0.2$ 时，成品油调度量变为 9.9184，低于单区域模式同等条件下的 10.0849；最低救助成本为 1189.9020，低于单区域模式同等条件下的 1190.3607；广义应急成本为 31.9870，低于单区域同等条件下的 34.0970，也低于跨区域广义应急成本的基准数据 35.9410。

可见，无论应急成本和时间权重如何改变，跨区域成品油应急调度网络达到均衡后的最优资源调度量均小于单区域独自应急模式所需调度量，对受灾点的最低救助成本和广义应急成本也明显小于单区域独自应急，此时跨区域协同应急模式相较单区域应急调度，表现出了良好的应急效果。

2. 路径脆弱性 v_a 变化对网络均衡的影响

1）成品油出救点处应急路径脆弱性改变的影响

首先讨论该超网络中成品油出救点处应急路径脆弱性变化对区域应急的影响。同样选择路径 1 和路径 2 作为参照对象。初始算例中 $v_1 = v_2 = 1$，现令

$v_1 = v_2 = 2$，其他因素不变。将其代入该超网络的变分不等式进行仿真，仿真结果如表 9.8 所示。将结果进行整理，则反映该层级路径脆弱性变化如表 9.16 所示。

表 9.16　不同应急模式下路径脆弱性 v_a 变化的影响

v_a	区域 A 调度量		区域 B 调度量		总最小救助成本		总广义应急成本	
	单区域	跨区域	单区域	跨区域	单区域	跨区域	单区域	跨区域
$v_1 = v_2 = 1$	5.053	4.9795	5.0243	4.9360	1189.9192	1190.3792	39.4758	35.9410
$v_1 = v_2 = 2$	5.0751	4.9844	5.0314	4.9060	1189.9191	1190.3899	58.6231	54.6125
$v_{10} = 10$	4.9895	4.9895	5.0228	4.9818	1189.9151	1189.1414	59.3253	58.1580

可见，跨区域成品油应急调度超网络达到均衡后：①区域 A 中总的成品油调度量由基准数据 4.9795 增加至 4.9844，但小于同等情况下单区域应急模式时区域 A 的成品油调度量 5.0751；区域 B 中总的成品油调度量由基准数 4.9360 减小至 4.9060，但小于同等情况下单区域应急模式时区域 B 的成品油调度量 5.0314；总的成品油调度量由基准数据 9.9155 减小至 9.8904，小于同等条件下单区域应急调度量 10.0065。②总的最低救助成本由基准数据 1190.3792 变为 1190.3899，略低于同等条件下单区域的最低救助成本 1189.9191。③广义应急成本由基准数据 35.9410 增大至 54.6125，但低于同等条件下单区域的广义应急成本 58.6231。

以上分析表明，随着成品油出救点处应急路径脆弱性增大，跨区域应急调度网络达到均衡时成品油调度量增加，最低救助成本和广义应急成本增大。但是相比单区域独自应急，以上三组数据均略低于单区域独自应急时的成品油应急资源调度量和广义应急成本。即成品油出救点处应急路径脆弱性变大情况下，跨区域成品油应急调度模式优于单区域独自应急，跨区域成品油应急调度优势明显。

2) 成品油出救点与成品油短缺点间路径脆弱性变化的影响

上面分析了出救点处连接边脆弱性对跨区域应急调度网络整体均衡的影响情况后，现分析改变 $v_3, v_4, \cdots, v_{10}$ 这 8 条处于成品油出救点和成品油短缺点间的路径脆弱性的影响情况。以表 9.6 中的原始数据 $v_{10} = 3$ 为例，进行仿真检验。若令 $v_{10} = 10$，即增加该路径的脆弱性，从而检验该类型路径脆弱性变化对整体网络均衡产生的影响程度。从结果可知，该路径脆弱性增加后：①区域 A 和区域 B 内的成品油调度量均增加，区域 A 内的调度量由基准数据 4.9795 增加至为 4.9895，区域 B 内的调度量由基准数据 4.0360 增加至 4.9818，整体网络均衡时的成品油调度量由基准数据 9.9155 增大至 9.9713，但低于同条件下单区域应急时的成品油调度量 10.0758；②总的最低救助成本由基准数据 1190.3792 减小至 1189.1414，低于同条件下单区域应急模式的最低救助成本 1189.9151；③广义应急成本由基准数据 35.9410 增加至 58.1550，低于同条件下单区域广义应急成本 59.3253。

以上数据表明，在跨区域成品油调度网络中，位于成品油出救点和短缺点两应急间的连接边脆弱性变大，将会导致网络总的成品油调度量增大，对受灾点的最低救助成本 λ_w 也变大，网络达到均衡后的广义应急成本也显著增大。

根据以上对不同层级间连接边脆弱性的改变，结果发现：跨区域成品油应急调度网络中，成品油出救点处应急路径脆弱性变大，跨区域应急调度网络达到均衡时则需要更多的成品油资源，成品油短缺点的最低救助成本和网络中的广义应急成本均明显增加。但是相比单区域独自应急模式，跨区域成品油应急调度网络达到均衡时所需的成品油资源、最低救助成本和广义应急成本均较小。即成品油应急调度网络中路径脆弱性变大时，跨区域成品油应急调度模式优于单区域独自应急模式，跨区域成品油应急调度优势增加。

3. 路径最大应急能力 s_a 变化对网络均衡的影响

讨论了路径脆弱性变化对跨区域成品油应急调度超网络均衡情况的影响，现讨论连接边最大应急能力的变化对网络均衡的影响程度。本研究首先改变跨区域中连接成品油出救点处的最大应急能力大小，接着改变区域中的某些低层级的、较靠近成品油短缺地的路径的最大应急能力，探讨其变化对整体网络均衡的影响程度。

1) 成品油出救点处连接边的应急能力上限改变的影响

为便于分析单区域应急和跨区域协同应急模式的优劣，同样以表 9.6 中的边 2 为例进行研究分析，其仿真条件同单区域应急模式相同。仿真结果如表 9.17 所示。

表 9.17　不同模式下成品油出救点处路径最大应急能力 s_a 变化的影响

s_a	区域 B 调度量		区域 B 最低救助成本		广义应急成本	
	单区域	跨区域	单区域	跨区域	单区域	跨区域
$s_2 = 5$	5.0243	4.9360	594.9729	595.4256	39.4758	35.9410
$s_2 = 6$	6	5.9441	594	595.1218	44.9450	39.9943
$s_2 = 3$	3.0003	3.0999	596.9996	596.6083	59.3253	27.9722

结合表 9.14 和表 9.17，结果表明，随着连接边 2 的最大应急能力上限增加后：①区域 B 内四条连接边的成品油调度量均增加，边 7 的调度量由基准 0.7261 增大至 1.2189，边 8 的调度量由基准 2.0563 增大至 2.0644，边 9 的调度量由基准 0.0538 增大至 0.5609，边 10 的调度量由基准 2.0998 增大至 2.0999，区域 B 内总的应急调度量由基准 4.9360 增大至 5.9441，但小于同等条件下的单区域应急调度量 6；②区域 B 内的最低救助成本由基准 595.4256 减小至 595.1218，网络整体的最低救助成本由基准 1190.3792 减小至 1189.4669；③广义应急成本由基准 35.9410 增大

至 39.9943，远低于同条件下单区域应急成本 44.9450。说明跨区域应急调度网络中某连接边的最大应急能力增加，使得通过此边的路径上的成品油应急量变大，网络整体调度量增大，而该边所在区域内的最低救助成本相应减小，广义应急成本明显降低，跨区域应急调度优势增加。

反之，若减小该边的最大应急能力上限，如令 $s_2 = 5$ 降为 $s_2 = 3$，此时其他参数不变，$s_2 = 3 < s_9 + s_{10} = 6$，观察网络均衡情况。仿真结果同样列入表 9.14 和表 9.17。结果显示，随着该边最大应急能力的下降：①流经该边的成品油资源量由基准 4.9360 减小至 3.0999，总的成品油调度量由基准 9.9155 明显减小至 8.0993。②该边所在的区域 B 内总的最低救助成本由基准 595.4256 增大至 596.6083，低于同条件下区域 B 最低救助成本 596.9996；网络整体的最低救助成本由基准 1190.3792 增大至 1191.8870，低于同条件下单区域最低救助成本 1191.9381。③广义应急成本由基准 35.9410 减小至 27.9722，低于同条件下单区域应急模式的广义应急成本 31.4335。说明跨区域应急调度网络中某连接边的最大应急能力减小，通过此边的成品油应急量变小，网络整体调度量减小，而该边所在区域内的最低救助成本相应增大，广义应急成本明显低于单区域，跨区域应急调度优势依然存在。

简言之，该类型边的最大应急能力增加，则跨区域应急调度网络的成品油资源调度量增加，该边所在路径的成品油应急资源量也相应增加，与该路径相对应的成品油短缺点的最低救助成本变小；反之，若该边的应急能力上限减小，则通过该边的路径上资源流通量减少，且对各受灾地的最低救助成本增加。但是跨区域应急调度模式始终优于单区域独自应急模式。

2) 成品油中转点与成品油需求点间连接边的最大应急能力改变的影响

以表 9.6 中边 10 的最大应急能力为例，将其最大应急能力改为 10，其他参数不变进行仿真，结果如表 9.14 所示。将结果进行整理，则反映该层级路径最大应急能力变化如表 9.18 所示。

表 9.18　不同模式下成品油短缺点处路径最大应急能力 s_a 变化的影响

s_a	区域 B 调度量		区域 B 最低救助成本		成品油调度总量		广义应急成本	
	单区域	跨区域	单区域	跨区域	单区域	跨区域	单区域	跨区域
$s_{10} = 2$	5.0243	4.9360	594.9729	595.4256	10.0773	9.9155	39.4758	35.9410
$s_{10} = 10$	5.0346	5.0997	594.9592	594.4106	10.0876	9.9361	44.1232	38.8272

结果表明，连接边 10 的应急能力上限增加后：①边 10 的成品油调度量由基准 2.0999 增大至 3.1964，低于同条件下单区域模式中边 10 的调度量 5.0346；区域 B 内的调度量由基准 4.9360 增大至 5.0997，略高于同条件下单区域应急模式中

域 B 内的调度量 5.0346；网络均衡后总的成品油调度量由基准 9.9155 增大至 9.9361，低于同条件下单区域应急调度量 10.0876。②区域 B 内总的最低救助成本由基准 595.4256 减小至 594.4106，低于同条件单区域应急模式下区域 B 内的最低救助成本 594.9592；网络均衡后，跨区域应急调度模式下总的最低救助成本由基准 1190.3792 减至 1189.8945，仍低于同条件下的单区域的总最低救助成本 1189.8985。③广义应急成本随成品油调度量的增加，由基准数据 35.9410 增大至 38.8272，显著低于同条件下单区域的广义应急成本 44.1232。说明跨区域应急调度网络中位于成品油出救点与需求点间的连接边的最大应急能力增加，将使得该边及所在区域内的成品油调度量明显增加，所在区域及整体网络的最低救助成本相应减小，广义应急成本相较单区域应急模式显著下降，此时跨区域应急调度模式的应急优势凸显。

简言之，跨区域成品油应急调度网络中连接边的最大应急能力增加，则网络均衡时该边所在路径及整体网络的成品油应急调度量增加，与该路径相对应的成品油短缺点的最低救助成本变小；反之，若该边的应急能力上限减小，则通过该边的成品油调度量减少，且对各受灾地的最低救助成本增加。但就成品油应急调度量及广义应急成本而言，跨区域应急调度模式始终优于单区域独自应急模式。

4. 区域主体关联 r_a 变化对网络均衡的影响

上面分析了网络连接边的脆弱性和最大应急能力，现考虑应急主体间的关联程度对网络均衡的影响情况。同样以边 2 为例进行仿真，其初始值为 4，现令 $r_2=1$，即减小区域 B 内成品油出救点 2 和成品油中转点 2 间的关联度，其他参数不变，仿真结果列入表 9.14。将结果进行整理，则反映区域关联程度变化如表 9.19 所示。

表 9.19　不同模式下区域关联 r_a 变化的影响

r_a	区域 B 调度量		区域 B 最低救助成本		成品油调度总量		广义应急成本	
	单区域	跨区域	单区域	跨区域	单区域	跨区域	单区域	跨区域
$r_2 = 5$	5.0243	4.9360	594.9729	595.4256	10.0773	9.9155	39.4758	35.9410
$r_2 = 1$	5.0161	4.9302	594.9819	595.4283	10.0691	9.9100	40.8841	36.8435
$r_2 = 10$	5.0308	4.9533	594.9655	595.4166	10.0838	9.9320	36.9662	27.5388

结果表明，随着成品油出救点 2 和中转点 2 处关联度的下降，跨区域成品油应急调度网络出现均衡时：①该边成品油调度量由基准 4.9360 降至 4.9302，低于同条件单区域应急调度模式下区域 B 内成品油调度量 5.0161；网络总的成品油调度量由基准 9.9155 减小至 9.9100，同样低于同条件下单区域的成品油调度总量

10.0691。②边 2 所在区域 B 内的最低救助成本由基准 595.4256 变成 595.4283，略高于同条件单区域应急调度模式下区域 B 内最低救助成本 594.9819；网络整体的最低救助成本由基准 1190.3792 变成 1190.3840，略高于单区域应急的最低救助成本 1189.9170。③广义应急成本由基准 35.9410 增大至 36.8435，显著低于同条件下单区域的广义应急成本 40.8841。说明跨区域应急调度网络中某连接边的关联度减小，则路径所在区域及整体网络的成品油调度量均减小，所在区域及整体网络的最低救助成本均增加。与单区域独自应急模式相比，跨区域应急调度网络中连接边关联度的下降，使得该模式下的成品油应急调度量和广义应急成本优势明显，但是最低救助成本略有增加。

反之，若增加区域 B 内成品油出救点 2 处和成品油中转点 2 处间的关联程度，令 $r_2 = 10$，其他参数不变，则仿真结果如表 9.14 和表 9.19 所示。结果表明，随着该连接边关联度的增加，跨区域调度网络均衡时：①该边所在区域 B 内的成品油调度量由基准 4.9360 增加至 4.9533，低于同条件单区域模式下区域 B 内成品油调度量 5.053；网络总的成品油调度量由基准 9.9155 增加至 9.9320，同样低于同条件下单区域的成品油调度总量 10.0838。②边 2 所在区域 B 内的最低救助成本由基准 595.4256 降至 595.4166，略高于同条件单区域应急调度模式下区域 B 内最低救助成本 594.9655；网络整体的最低救助成本由基准 1190.3792 减至 1190.3620，略高于单区域应急的最低救助成本 1189.9548。③广义应急成本由基准 35.9410 减小至 27.5388，显著低于同条件下单区域的广义应急成本 36.9662。说明跨区域应急调度网络中某连接边的关联度增大，则路径所在区域及整体网络的成品油调度量均增加，所在区域及整体网络的最低救助成本均减小。与单区域独自应急模式相比，跨区域应急调度网络中连接边关联度的下降，使得该模式下的成品油应急调度量和广义应急成本优势明显，但是最低救助成本略有增加。

简言之，跨区域成品油应急调度网络中的某连接边关联度增加，则该边所在网络及整体网络的成品油调度量均增加，与该路径相对应的成品油短缺点的最低救助成本变小；反之，若该边的关联度减小，则通过该边的路径上的成品油流通量减少，且对各受灾地的最低救助成本增加。但是就应急调度量和广义应急成本而言，跨区域应急调度模式始终优于单区域独自应急模式。

5. 短缺点脆弱性 v_w 变化对网络均衡的影响

根据论文构建的模型可知，成品油短缺点的脆弱性反映了该点应对成品油短缺的综合能力，也决定了受灾点处的成品油需求量。如令 $v_{w1} = 1000$，即增加受灾点 1 的脆弱性，其他参数不变，仿真结果列于表 9.14。将结果进行整理，则反映受灾点处承灾能力变化如表 9.20 所示。

表 9.20　不同模式下区域成品油短缺点脆弱性 v_w 变化的影响

v_w	成品油总调度量		总的最低救助成本		广义应急成本	
	单区域	跨区域	单区域	跨区域	单区域	跨区域
$v_{w1} = 200$	10.0773	9.9155	1189.9192	1190.3792	39.4758	35.9410
$v_{w1} = 1000$	9.9397	9.9218	1990.0661	1989.9245	36.9195	28.6423
$v_{w1} = v_{w2} = 1$	5.0243	10.1190	596.9729	591.8648	22.9949	33.5316

结果表明，随着成品油受灾点 1 处的脆弱性增加，其所在区域 A 及整体网络的均衡情况为：①连接受灾点 1 的连接边边 3 的成品油调度量由基准 0.5228 大幅增加至 4.0999，与同条件单区域应急调度中边 3 的成品油调度量 4.0999 相等；边 7 的成品油调度量由基准 0.7261 增加至 3.0164；网络整体的成品油调度量由基准 9.9155 增加至 9.9218，低于同条件下单区域应急的总的成品油调度量 9.9397。②四大成品油短缺点的最小救助成本由基准 1190.3792 猛增至 1989.9245，低于同条件下单区域应急的最小救助成本 1990.0661。③广义应急成本由基准 35.9410 减小至 28.6423，但显著低于同条件下单区域应急模式下的广义应急成本 36.9195。即成品油受灾点处的脆弱性增加，导致该受灾点连接路径和整体网络的成品油调度量增加，所需的最低救助成本也显著增大。同时也说明，越脆弱的成品油受灾点就越需要更多的成品油资源进行应急救助，所需消耗的最低救助成本也越大。但与单区域独自实施成品油应急模式相比，如果成品油短缺点处的脆弱性较大，则跨区域应急调度模式仍然在成品油调度量、最低救助成本和广义应急成本方面保持明显优势。

但若降低区域内受灾点的脆弱性，使得受灾点的脆弱性极小，应对成品油短缺的承灾能力较强。现令 $v_{w1}=v_{w2}=1$，其他参数不变，仿真结果如表 9.14 和表 9.19 所示。结果表明，若两受灾点处的脆弱性极小，则跨区域调度超网络均衡后：①两受灾点所连接边的成品油调度量均减少，连接短缺点 1 的连 3 上的成品油调度量由基准 0.5228 降至 0，边 7 的成品油调度量由基准 0.7261 降至 0；连接短缺点 2 的连 4 上的成品油调度量由基准 2.0297 降至 0，边 8 的成品油调度量由基准 2.0563 降至 0；但网络整体的成品油调度总量则为 10.1190，显著低于单区域模式的成品油调度总量 5.0243。②网络总的最低救助成本由基准 1190.3792 降至 591.8648，略高于同条件下单区域内的最低救助成本 596.9729。③广义应急成本由基准数据 35.9410 降至 33.5316，但明显高于单区域广义救助成本 22.9949。即受灾点处对成品油短缺的承灾力越强，将导致该受灾点连接路径上的成品油调度量明显减少，所需的最低救助成本也显著减小。但此时与单区域独自实施成品油应急模式相比，跨区域应急调度模式在成品油调度量和广义应急成本方面不再占据优势。

简言之，越脆弱的成品油受灾点越需要跨区域协同应急的超网络模式实现成品油的应急调度；在成品油受灾点脆弱性较小的情况下，单区域独自应急调度模式显然更高效。换句话说，若区域内通过加强内部基础设施建设或者增强成品油供应短缺的防范应急意识及预案等措施来减小自身区域内受灾点的脆弱性，则有助于提高单区域独自应急的能力，从而减小成品油应急调度量和成本。

6. 跨区域间连接边变化对网络均衡的影响

以上五部分均是出于对成品油单区域独自应急模式和跨区域应急模式的优劣性进行分析比较，因此涉及的路径和主体均相同。而实际上连接两区域从而实现区域间协同的应急路径又是如何影响成品油跨区域应急调度网络的应急效率的呢？下面对跨区域超网络结构中连接区域 A 和区域 B 的边 5-8 的脆弱性、最大应急能力和关联性进行敏感性分析，从而观察跨区域路径对网络均衡的影响程度。

1) 跨区域连接边脆弱性 $v_a(a=5,6,7,8)$ 变化的影响

首先分析跨区域应急调度网络中协调不同区域的连接边的脆弱性变化对网络成品油应急调度优化的影响。若减小边 6 的脆弱性，令其脆弱性变为 $v_6=1$，其他参数不变，仿真结果如表 9.14 所示，将结果进行整理，则反映该区域间连接路径的脆弱性变化情况如表 9.21 所示。

表 9.21　区域连接边的脆弱性变化的影响

v_a	区域 A 调度量	区域 B 调度量	成品油调度总量	广义应急成本
$v_6=3$	4.9795	4.9360	9.9155	35.9410
$v_6=1$	4.9792	4.9363	9.9155	33.8758
$v_5=v_6=5$ $v_7=v_8=5$	4.9953	4.9503	9.9456	55.0519

结果发现，随着连接边边 6 的脆弱性减小：①区域 A 内的成品油调度量由基准 4.9795 减小至 4.9792，区域 B 内的成品油调度量由基准 4.9360 略增至 4.9363，网络总的成品油调度量维持在 9.9155；②广义应急成本由基准数据 35.9410 降至 33.8758。表明在跨区域成品油调度网络中，跨区域应急调度连接边的脆弱性减小，使得跨区域应急调度的优势增加。

反之，若同时增加 4 条连接边的脆弱性，令 $v_5=v_6=v_7=v_8=5$，其他参数不变，则仿真结果如表 9.22 所示。数据表明：①区域 A 和区域 B 内的成品油调度量均明显增加，区域 A 内的成品油调度量由基准 4.9795 增加至 4.9953；区域 B 内的成品油调度量由基准 4.9360 增加至 4.9503；网络总的成品油调度量由基

准 9.9155 增加至 9.9456。②广义应急成本由基准数据 35.9410 增加至 55.0519。说明随着跨区域应急调度连接边脆弱性的增加，跨区域网络均衡将需要更多的成品油调度资源和广义应急成本，此时采取跨区域成品油应急调度模式的优势消失。

因此，面对多区域成品油供应中断事件，是否采用跨区域应急调度超网络模式，与区域间的应急资源连接边的脆弱性有关。只有在区域间连接边的脆弱性较小、具有较强应急承载能力的情况下，跨区域应急调度模型才表现得更有意义。

2) 跨区域连接边的最大应急能力 $s_a (a = 5, 6, 7, 8)$ 变化的影响

减小跨区域应急调度网络中成品油应急调度连接边的最大应急能力，如令 $s_5 = s_6 = s_7 = s_8 = 1$，其他参数不变，则仿真结果如表 9.14 所示。将结果进行整理，则有反映该区域间连接路径的脆弱性变化情况如表 9.22 所示。

表 9.22　区域连接边的最大应急能力变化的影响

s_a	区域 A 调度量	区域 B 调度量	成品油调度总量	广义应急成本
$s_5 = 5,\ s_6 = 1$ $s_7 = 3,\ s_8 = 2$	4.9795	4.9360	9.9155	35.9410
$s_5 = s_6 = 1$ $s_7 = s_8 = 1$	5.0976	5.0542	10.1418	37.9777
$s_5 = s_6 = 5$ $s_7 = s_8 = 5$	5.0367	5.0994	10.1361	33.2851
$s_5 = s_6 = 10$ $s_7 = s_8 = 10$	5.0995	4.9924	10.0919	33.2000
$s_5 = s_6 = 100$ $s_7 = s_8 = 100$	5.0995	4.9914	10.0909	33.2000

仿真结果表明，随着跨区域连接边的最大应急能力的减小：①区域 A 内的成品油调度量由基准 4.9795 增大至 5.0976；区域 B 内的成品油调度量由基准 4.9360 增加至 5.0542；网络总的成品油调度量由基准 9.9155 增大至 10.1518。②广义应急成本由基准 35.9410 增大至 37.9777。表明在跨区域成品油调度网络中，跨区域应急调度连接边的最大应急能力减小，使得跨区域应急调度的优势减弱。

反之，若增加 4 条连接边的最大应急能力，令 $s_5 = s_6 = s_7 = s_8 = 5$，其他参数不变，则仿真结果表明，随着跨区域连接边的最大应急能力的增大：①区域 A 内的成品油调度量由基准 4.9795 增大至 5.0367；区域 B 内的成品油调度量由基准 4.9360 增加至 5.0994；网络总的成品油调度量由基准 9.9155 增大至 10.1361。②广义应急成本由基准 35.9410 降至 33.2851。说明跨区域成品油调度网络的优势随着跨区域

应急调度连接边的最大应急能力增大而呈现增强趋势。但若继续增大 r_5、r_6、r_7、r_8 的值至 10、100 时，则发现跨区域应急调度网络中的成品油调度方案几乎不变，广义应急成本都集中在 33.2000，小于基准数据 35.9410。这是因为任何突发事件导致的成品油供应中断点的成品油需求量都有一定的范围，而当最大应急能力的增加超过该需求范围时，其变化不再对网络的调度方案产生影响，跨区域应急调度的优势也不再增加。

　　因此，面对多区域成品油供应中断事件，跨区域连接边的最大应急能力下降将导致跨区域应急调度网络的应急优势下降。但是，若跨区域连接边的最大应急能力增大，则跨区域应急调度超网络的应急优势随之增加，直至最大应急能力的增加超过成品油短缺点的需求范围。只有保障成品油应急路径的通畅性和最大应急能力，才能充分发挥成品油跨区域应急调度模式的应急优势，减少社会损失。

　　3) 跨区域连接边的关联程度 r_a ($a=5,6,7,8$) 变化的影响

　　最后分析跨区域应急调度网络中协调不同区域的连接边的关联度变化对网络资源优化的影响。若减小边 5~8 的关联性，令其关联性均变为 $r_5=r_6=r_7=r_8=1$，其他参数不变，仿真结果如表 9.14 所示，将结果进行整理，则反映该区域间关联程度的变化情况如表 9.23 所示。

表 9.23　区域间关联程度变化的影响

r_a	区域 A 调度量	区域 B 调度量	成品油调度总量	广义应急成本
基准数据	4.9795	4.9360	9.9155	35.9410
$r_5 = r_6 = 1$ $r_7 = r_8 = 1$	4.9829	4.9344	9.9173	38.9103
$r_5 = 7$	4.9850	4.9301	9.9151	35.2439
$r_5 = 9$	4.9866	4.9303	9.9169	34.4694

　　仿真结果表明：随着跨区域连接边的关联度下降，网络均衡后的成品油调度量由基准 9.9155 增至 9.9173；广义应急成本由基准 35.9410 增加至 38.9103。表明在跨区域成品油调度网络中，跨区域应急调度连接边的关联性减小，使得跨区域应急调度的优势消失。

　　反之，若增加连接边的关联性，令 $r_5=7$，其他参数不变，则仿真结果如表 9.23 所示。数据表明：随着边 5 的关联度增大，该边成品油调度量由基准 1.3945 增加至 1.6040，网络总的成品油调度量由基准 9.9155 变为 9.9151；广义应急成本由基准 35.9410 减小至 35.2439。同样，若边 5 的关联度增加至 9，则广义应急成本由基准 35.9410 减小至 34.4694。表明在跨区域成品油调度网络中，跨区域应急调度连接边的关联性增大，使得跨区域应急调度的优势呈增长态势。

因此，面对多区域成品油供应中断事件，是否采用跨区域应急调度的超网络模式，与不同区域间的应急调度连接边的关联度也有很大的关系。只有在区域间连接边的关联性较大、具有较强的区域协助应急能力的情况下，跨区域应急调度模型的优势才更加明显。

9.5　本章小结

本章在对成品油供应中断应急调度事件进行梳理和分析的基础上，归纳出影响成品油跨区域应急调度的主要因素，构建了成品油跨区域应急调度超网络模型，并对模型中主要因素进行敏感性分析，验证各因素对单区域应急和跨区域应急两种不同应急模式的影响程度。主要结论如下：

(1)通过成品油供应中断跨区域应急调度事件的回顾和分析，认为成品油应急主体和应急路径是影响应急成本和应急效率的因素。应急主体主要体现在应急主体的分布范围、应急主体在网络中的中心性、主体间的关联程度和成品油短缺点的应灾能力；应急路径主要体现在路径的长度、路径的道路等级、路径的易毁性、路径在网络中的重要程度、路径的最大应急能力和路径通信的完整性等。在此基础上构建了一个简易的包含成品油出救点、成品油中转点和成品油短缺点在内的三层成品油跨区域应急调度网络，并利用社会网络分析方法(SNA)对该网络进行了整体和局部测度分析，发现应急主体和应急路径的减少均会显著降低跨区域调度网络的应急效率。

(2)针对成品油供应中断跨区域应急调度的特征，分析其具有多主体、多层级、协调性等超网络特征。以成品油应急资源调度的最优化问题和对受灾点实现资源救助最优行为两方面为出发点，对跨区域成品油应急调度体系进行超网络建模。其中，成品油应急资源调度的最优化问题体现为应急时间最短和应急成本最低的双重最优目标，并基于 Wardrop 原则将最优应急路径选取对应的应急救助成本的最低作为对受灾点实现资源救助的最优行为评判标准。将复杂的超网络问题转化成变分不等式问题，并对利用变分不等式求超网络问题解的过程进行详细的求解过程和算法描述，从而证明改进后的修正投影算法可很好地解决本研究构建的跨区域成品油应急调度问题，并能帮助本研究实现超网络模型中影响因素的敏感性分析。

(3)针对构建的成品油跨区域应急调度超网络模型进行算例仿真和影响因素的敏感性分析，结果表明：在应急成本和应急时间的权重比值、应急主体间连接边的脆弱性和最大应急能力以及应急主体间的关联度不变的情况下，跨区域应急调调度模式中成品油应急资源量和广义应急成本均较小，跨区域应急调调度模式整体优于单区域应急模式；但当成品油受灾点处脆弱性较小、跨区域连接边的脆弱性较大、区域间关联程度又较弱时，单区域应急调度模式表现得更高效；就跨区域连接边的最大应急能力而言，跨区域成品油调度网络的优势会随着该连接边的最大应急能力增大而呈现增强趋势，但增强趋势会在该连接边的最大应急能力增大超过成品油短缺的需求范围后停止。这些结论对相关成品油应急决策的制定和应急体系建立具有一定的指导意义，有助于决策不同情形下合适的应急调度模式，从而节省成品油资源和社会救助成本。

第五篇　应急体系与应急能力

第10章 能源应急体系演变——以 IEA 为例

10.1 IEA 石油应急体系的发展

1974 年 11 月，经济合作与发展组织(Organization for Economic Co-operation and Development, OECD)中的 16 个成员国签署了《国际能源机构协议》(《IEP 协定》)，建立了国际能源署(International Energy Agency, IEA)，旨在保障成员国能源安全，降低石油短缺造成的损失，截至 2016 年 IEA 共有 29 个成员国。自 1974 年 IEA 成立后，世界范围内共发生 8 次影响较大的石油中断事件，IEA 共对 5 次中断作出响应，在这其中采取了 3 次集体行动，即 IEA 组织协调各成员国，向市场投放石油储备来缓解石油供应中断对世界石油市场造成的冲击[①]。

IEA 的发展可划分为两个阶段：

第一阶段(1974~1991 年)为完善组织与建立制度阶段，如图 10.1 所示。从成员国加入、制度建设、重要会议、演练测试、应急响应五个方面展示了这一时期 IEA 石油应急体系的发展和演变。这一时期中东局势不稳定，发生了伊朗革命、两伊战争、科索沃战争等地区冲突，直接引发了四次影响范围广、持续时间长的石油中断事件[②]。为应对危机，IEA 先后 3 次调整成员国最低石油储备标准，从 60 天储备量增加到 70 天、90 天储备量，石油应急组织机构不断完善。同时，出台了多项能源应急指南，引导成员国调整能源需求结构和能源政策，加强成员国间信息共享。

第二阶段(1992~2014 年)为 IEA 多元化发展阶段，如图 10.2 所示。中国、印度等发展中国家能源消费量的持续增加，使得其对全球能源安全的影响不断加大。为适应新的形势，2000 年以来 IEA 通过研讨会、应急响应演练，加强了与发展中国家的交流。

[①] 1978 年第二次石油危机，IEA 启动了其应急数据系统；1980 年两伊战争，所有成员国采取措施降低 5%的油耗；1990~1991 年为应对科索沃战争，采取了一系列行动；2005 年 9 月 2 日卡特里娜飓风，IEA 宣布采取集体行动；2011 年利比亚轻质原油供应中断，IEA 宣布采取集体行动。

[②] 1978 年 11 月~1979 年 4 月第二次能源危机；1980 年 10 月~1981 年 1 月两伊战争；1990 年 8 月~1991 年 1 月科索沃战争；1991 年 6~7 月伊拉克暂停石油出口。

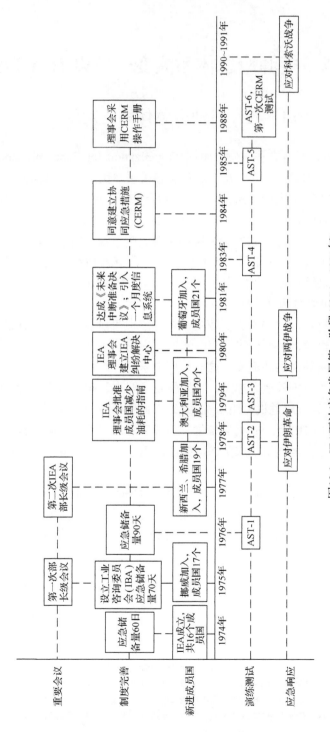

图10.1　IEA石油应急应急发展第一阶段(1974～1991年)

资料来源：根据Energy supply security：The emergency response of IEA countries (2014)内容整理

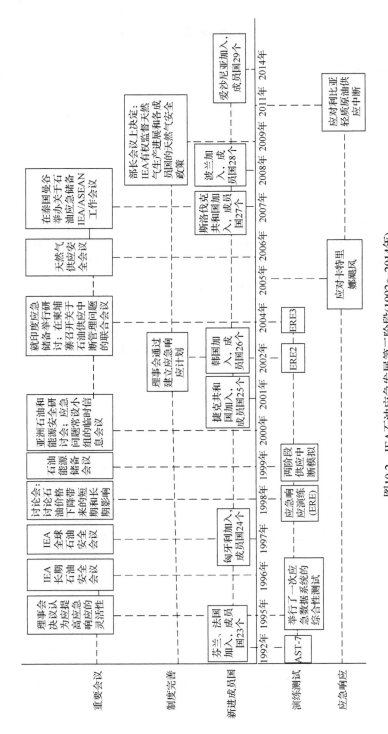

图10.2 IEA石油应急发展第二阶段(1992～2014年)

资料来源：根据Energy supply security：The emergency response of IEA countries (2014)内容整理

10.2　石油应急体系的层次结构

10.2.1　石油应急活动分析

石油应急活动是为应对突发性石油短缺，保证石油供应充足和市场价格稳定，使得石油市场尽快恢复正常而采取的一系列管理措施。结合 IEA 及其成员国石油应急管理经验和中国石油应急能力建设实践，整理出以下 10 项主要石油应急活动。

1. 应急法规制定

完善的石油应急法律能够为处理突发性石油短缺提供制度保障，是应急响应活动的实施准则。石油应急法律一般包括石油应急响应组织、应急储备、响应措施程序等内容。如图 10.1 所示，IEA 成立初期各成员国就签署了《IEP 协定》，1979～2009 年期间制定并批准了一系列行动指南。

2. 应急计划制订

应急计划为应急行动提供了方案路径，是突发性石油短缺时各应急部门的行动指南，包括具体的应急措施、实施部门和措施落实的先后次序等内容。2002 年IEA 理事会通过了制订应急响应计划的提议，相关专家根据提交的危机评估数据共同制订应急计划。

3. 应急演练培训

应急演练是对各部门应急能力全面系统的测试，是应急监督的有效手段。应急演练可帮助各应急部门熟悉具体流程，加强各部门间的应急配合能力，有助于完善响应各环节。IEA 会定期组织成员国进行石油应急演练，测试评估应急响应的技术设备和程序。同时还会定期组织培训，提高响应人员的能力。如图 10.1、图 10.2 所示，1974～2014 年 IEA 共进行了 12 次大型应急测试。

4. 应急监督反馈

这包括两个方面：一是日常的市场监督，目的在于识别供应短缺风险，发现各应急主体的不足，纠正错误，包括监视石油市场供需情况、价格水平和检查石油供应链中各主体是否遵守应急法律的要求等。二是对应急响应效果的评估和反馈，主要包括应急计划施行情况、石油市场恢复情况、应急措施的效果等。

5. 供应短缺评估

石油供应短缺评估是对石油供应突发事件进行预测和分析，对供应中断可能性和规模、持续时间、影响范围等进行预估，为制订应急响应计划提供参考。其中中断规模是 IEA 启动集体行动的重要参考，IEA 规定当供应中断规模高于 7%时启动紧急共享机制，供应中断水平低于 7%时启动协调应急反应制度[15]。

6. 石油应急组织

石油应急组织体系建设是指设立专门的石油应急管理机构，统一规划和实施突发性石油短缺下的应急活动。合理的应急组织体系可有效控制和协调应急主体和各响应阶段的应急活动，提高应急效率，降低应急成本。经过多年的发展，IEA 已建立包括理事会、委员会、秘书处和四个常设小组等组织部门[42]。这些机构负责 IEA 的日常运作、监控国际石油市场、协调各成员国间的应急合作等。

7. 石油供应基础设施

与石油应急响应相关的基础设施主要有石油生产、运输、配送过程中的硬件设施，包括港口、管道等，是石油供应链在运输环节的硬件保障，也为突发性短缺时各项应急活动的实施提供必要支持。同时，一国石油炼化能力是否充足也会影响突发性石油短缺时抵御损失的能力。截至 2013 年，美国油气管道总里程 222.5 万 km，拥有世界上最复杂庞大的石油管网体系[115]。

8. 信息系统建设

信息传递贯穿于从短缺评估、应急响应、效果评估到监督反馈的应急全过程。完善的信息系统，可增强石油市场透明度，帮助应急主体准确识别风险并快速做出响应。主要包括信息统计收集、数据处理分析、相应软件系统的开发完善等。IEA 目前拥有国际权威的石油市场信息系统，可预测世界石油市场发展变化趋势，帮助提高集体行动的响应速度与准确性。

9. 战略石油储备

释放储备可在短期内填补供应短缺，平抑油价，是应对突发性能源短缺所采取的重要措施。一国的石油储备体系建设包括确定石油储备主体与储备类别、测算储备量、选择储备地点、制定释放程序、建设与维护储备设施等内容。1974～1976 年 IEA 最低石油储备规模经历了三次调整，最终《IEP 协定》确定了成员国需持有不低于 90 天净进口量的石油储备。

10. 应急计划执行

在石油短缺发生后，一旦应急计划获得通过，各执行部门按照计划分步骤协调实施响应措施。IEA 应急措施主要包括两大类四个方面：增加供给（释放储备、增加国内生产），抑制需求（消费限制、短期燃料转换）[61]。为保证应急响应的及时有效，应急计划需在规定时间内实行。如土耳其规定，国家石油应急战略组织（NESO）要在石油突发事件发生后 2 天内决定是否释放工业石油储备[61]。

10.2.2　基于 ISM 的石油应急体系层次结构

John N. Warfield 教授开发的解释性结构模型（interpretive structural modeling, ISM），是系统分析中用于识别各要素之间本质关系的重要方法[116]。石油应急活动涉及多主体、多阶段，彼此之间有着直接或间接联系，采用 ISM 模型，可以分析石油应急活动间的关联关系和层次结构。

为方便建模，应急法规制定、石油供应基础设施、信息系统建设、战略石油储备、应急演练培训、石油应急组织、供应短缺评估、应急计划制订、应急计划执行、应急监督反馈等分别记为 S_1、S_2、S_3、S_4、S_5、S_6、S_7、S_8、S_9、S_{10}。根据活动间的关系生成邻接矩阵 A。其中 S_i 对 S_j 有直接影响，记 $a_{ij}=1$，否则记为 0。

$$A = \begin{array}{c} \\ S_1 \\ S_2 \\ S_3 \\ S_4 \\ S_5 \\ S_6 \\ S_7 \\ S_8 \\ S_9 \\ S_{10} \end{array} \begin{array}{cccccccccc} S_1 & S_2 & S_3 & S_4 & S_5 & S_6 & S_7 & S_8 & S_9 & S_{10} \\ \left[\begin{array}{cccccccccc} 0 & 1 & 1 & 1 & 1 & 1 & 1 & 0 & 0 & 0 \\ 0 & 1 & 0 & 1 & 1 & 0 & 0 & 0 & 1 & 0 \\ 0 & 0 & 0 & 0 & 1 & 0 & 1 & 0 & 0 & 1 \\ 0 & 0 & 0 & 0 & 1 & 0 & 0 & 0 & 1 & 0 \\ 0 & 0 & 0 & 0 & 1 & 0 & 0 & 0 & 0 & 0 \\ 0 & 0 & 0 & 0 & 0 & 0 & 1 & 1 & 1 & 1 \\ 0 & 0 & 0 & 0 & 0 & 0 & 0 & 1 & 0 & 0 \\ 0 & 0 & 0 & 0 & 0 & 0 & 0 & 0 & 1 & 0 \\ 0 & 0 & 0 & 1 & 0 & 0 & 0 & 0 & 1 & 1 \\ 0 & 0 & 0 & 0 & 0 & 0 & 1 & 0 & 0 & 0 \end{array}\right] \end{array}$$

基于布尔代数运算规则，根据下式得到可达矩阵 M。

$$M = \left(A+I\right)^{n+1} = \left(A+I\right)^{n} \neq \cdots \neq \left(A+I\right)^{2} \neq \left(A+I\right)$$

$$M = \begin{array}{c} \\ S_1 \\ S_2 \\ S_3 \\ S_4 \\ S_5 \\ S_6 \\ S_7 \\ S_8 \\ S_9 \\ S_{10} \end{array} \begin{array}{cccccccccc} S_1 & S_2 & S_3 & S_4 & S_5 & S_6 & S_7 & S_8 & S_9 & S_{10} \\ \left[\begin{array}{cccccccccc} 1 & 1 & 1 & 1 & 1 & 1 & 1 & 1 & 1 & 1 \\ 0 & 1 & 0 & 1 & 1 & 0 & 1 & 1 & 1 & 1 \\ 0 & 0 & 1 & 1 & 1 & 0 & 1 & 1 & 1 & 1 \\ 0 & 0 & 0 & 1 & 1 & 0 & 1 & 1 & 1 & 1 \\ 0 & 0 & 0 & 0 & 1 & 0 & 0 & 0 & 0 & 0 \\ 0 & 0 & 0 & 1 & 1 & 1 & 1 & 1 & 1 & 1 \\ 0 & 0 & 0 & 1 & 1 & 0 & 1 & 1 & 1 & 1 \\ 0 & 0 & 0 & 1 & 1 & 0 & 1 & 1 & 1 & 1 \\ 0 & 0 & 0 & 1 & 1 & 0 & 1 & 1 & 1 & 1 \\ 0 & 0 & 0 & 1 & 1 & 0 & 1 & 1 & 1 & 1 \end{array}\right] \end{array}$$

由矩阵 M 可知，S_7、S_8、S_9、S_{10} 行与列的元素相同，可保留 S_7 消去 S_8、S_9、S_{10} 生成缩略矩阵。在此基础上，得到可达集 $R(S_i)$、先行集 $A(S_i)$、共同集 $C(S_i)$，当 $R(S_i)$ $=C(S_i)$ 时，得到整个系统要素的最高级要素，去掉该要素的行和列，再求剩余要素中的最高级要素，依此类推，直到找到各级包含的最高要素集合，如表 10.1 所示。

表 10.1　级位划分过程

	S_i	$R(S_i)$	$A(S_i)$	$C(S_i)$	$R(S_i)=C(S_i)$	
L_1	1	1 2 3 4 5 6 7	1	1		$L_1=\{S_5\}$
	2	2 4 5 7	1 2	2		
	3	3 4 5 7	1 3	3		
	4	4 5 7	1 2 3 4 6 7	4 7		
	5	5	1 2 3 4 5 6 7	5	√	
	6	4 5 6 7	1 6	6		
	7	4 5 7	1 2 3 4 6 7	4 7		
L_2	1	1 2 3 4 6 7	1	1		$L_2=\{S_4, S_7\}$
	2	2 4 7	1 2	2		
	3	3 4 7	1 3	3		
	4	4 7	1 2 3 4 6 7	4 7	√	
	6	4 6 7	1 6	6		
	7	4 7	1 2 3 4 6 7	4 7	√	
L_3	1	1 2 3 6	1	1		$L_3=\{S_2, S_3, S_6\}$
	2	2	1 2	2	√	
	3	3	1 3	3	√	
	6	6	1 6	6	√	
L_4	1	1	1	1	√	$L_4=\{S_1\}$

根据表 10.1，石油应急管理活动可划分为 L_1～L_4 共四个层，其中 $L_1=\{S_5\}$，$L_2=\{S_4, S_7\}$，$L_3=\{S_2, S_3, S_6\}$，$L_4=\{S_1\}$，结合矩阵 M 中各要素的相互关系，得到石油应急管理活动的层次结构，如图 10.3 所示。

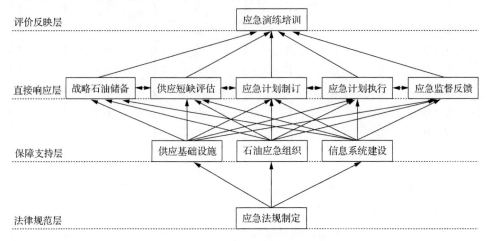

图 10.3 石油应急管理活动层次结构

根据上面的分析石油应急管理活动系统共分为四个层次，从下至上分别为 L_4 法律规范层、L_3 保障支持层、L_2 直接响应层和 L_1 应急演练层。

1. 法律规范层

该层主要是通过法律法规来规范应急管理活动，不仅直接影响 L_3 层建设，还通过制度、条例规范应急响应活动，间接影响 L_2 层。法律制度等规定了应急活动的实施主体和实施规范，是应急管理活动有序进行的依据，应急管理是在其框架下建立和运行的。

2. 保障支持层

该层包括石油应急组织、石油供应基础设施建设、信息系统建设三个方面，为 L_2 层提供组织保障、硬件保障和信息保障。

3. 直接响应层

该层包括供应短缺评估、应急计划制订、应急计划执行、应急监督反馈、战略石油储备。这五项活动间存在相互影响关系，形成闭合回路，共同受 L_3 的影响。其中前四项是应急管理中依次开展的四项基本活动[117]；战略石油储备影响石油供应安全响应能力，储备释放是应对短缺的重要手段。该层活动的效率和力度，直接影响应急主体响应的及时性和生产系统恢复周期。

4. 评价反应层

该层主要指应急演练培训活动，是一国石油应急能力的整体表现。通过应急演练，测试石油应急体系，评价应急管理的反应速度和实施效果，可以加强应急响应活动间的协调配合。

10.3　本　章　小　结

本章根据国际能源署(IEA)发展历程，提出了 10 项石油应急管理活动，包括应急法规制定、应急计划制订、应急演练培训、应急监督反馈、供应短缺评估、石油应急组织、石油供应基础设施、信息系统建设、战略石油储备、应急计划执行；利用解释结构模型(ISM)方法，将石油应急管理活动分为法律规范层、保障支持层、直接响应层、评价反映层四个层次，应急法规制定是其他应急活动的基础，应急基础设施、应急组织、应急信息系统为石油应急提供保障，而战略石油储备、供应短缺评估、应急计划制订和执行、应急效果评价与反馈构成了应急响应过程，应急演练是检验应急能力、完善应急体系的重要手段。

第11章 能源应急能力评价——以 IEA 成员国为例

突发性能源短缺具有突发、严重、影响范围广的特点，一旦发生会对一国的经济系统带来巨大冲击。科学合理的评价体系和评价方法可以帮助政府和相关企业认识应急现状，识别应急体系建设的薄弱环节和重点[118]。本章构建了石油应急能力评价体系，利用熵权法和模糊综合评价法对 24 个 IEA 成员国的石油应急能力进行了评价。

11.1 应急能力评价文献回顾

美国是第一个实施政府应急能力评价的国家，其城市应急能力评价指标体系由 56 个要素、209 个属性和 1014 个指标构成[119]。澳大利亚学者从 8 个方面构建了应急能力评价体系：备灾措施、减灾措施、应急反应措施、灾害风险评估、灾害政策制定、灾后评估、短期救济措施、长期救济和恢复措施。并运用该评估体系研究了澳大利亚政府的应急能力[120]。Simpson 和 Katirai 认为可以使用指标来衡量应对灾难的准备情况，因此他们构建了一套灾难准备指数，用于评估灾难应对的准备质量[121]。

国内应急能力评价的研究也逐渐兴起，研究领域大多集中在城市突发事件、一般理论体系、能源等领域。在城市突发事件方面：邓云峰等[122]在充分分析中国应急体系建设成果以及城市实际状况的基础上，构造了城市应急能力评估的框架体系。冯百侠[123]提出实施应急能力评价的框架内容，包括三个层次：即综合评价层、评价要素层和评价指标层。卢文刚和彭静[124]以危机管理的4R 理论为基础，构建了地铁突发公共事件应急能力评价指标体系。该评价指标体系划分为总指标层和三级指标层。在一般理论体系方面：张海波和童星[125,126]从应急管理的一般原理和中国应急体系的现实特点出发，澄清了应急能力评估的理论问题。

田依林和杨青[127]以系统论为理论依据，应用模糊数学集成方法对应急能力评价指标体系进行构建。该指标体系的目标层为突发事件应急能力评价指标体系，准目标层为灾前预警能力、灾中应急能力和灾后恢复能力，下设 13 个准则层。宋英华[128]以公众在突发事件中的应急能力为研究对象，构建了公众应急能力评价方法。在能源领域方面：刘超[129]以电力应急管理的现状为基础，构建了由 4 个一级指标、17 个二级指标和 48 个三级指标构成的评估体系。何沙等[130]构建了石油企业应急能力的评价指标体系，包含 3 个一级指标、9 个二级指标、36 个三级指标，其中一级指标包括监控预警能力、应急处理能力、恢复总结能力。苗成林等[131]根据事前、事中和事后三个环节的预防、监测、控制和恢复等能力的研究，分析了煤矿企业应急救援能力评价指标间的作用关系。王璐等[132]构建了基于 PDCA模式的煤矿应急能力评价指标体系，由目标层和两级指标层构成，其中 4 个一级指标和 18 个二级指标，一级指标包括应急计划能力、应急执行能力、应急检查能力和应急处理能力。

11.2 石油应急能力评价指标体系

11.2.1 石油应急体系

目前针对应急能力评价的研究主要以应急管理阶段为基础进行指标体系的构建，忽略了石油产业自身的发展状况。吕涛在归纳西方国家石油短缺应急管理经验的基础上，提出了中国突发性能源短缺应急体系，包括应急法规体系、应急预案体系、应急组织体系、监测预警体系和应急储备体系五个子系统[46]。在突发性能源短缺应急体系基础上，以一国石油产业的发展现状为基础，综合考虑法律体系、组织架构、与其他国家间的合作等，构建了石油应急体系(图 11.1)，包括应急支持系统、石油产业链系统以及对外合作系统三部分。

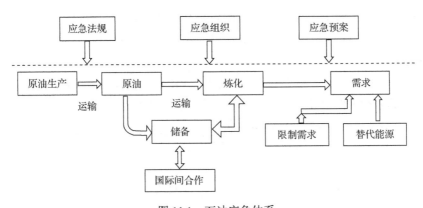

图 11.1 石油应急体系

11.2.2 石油应急能力一级指标的确定

基于前人研究成果，上述石油应急体系确定反映一国石油应急能力的 5 个一级指标分别是应急支持能力(B1)、国内生产能力(B2)、应急石油储备(B3)、获得国际市场的能力(B4)、替代石油的能力(B5)。

1. 应急支持能力

主要指一国政府对石油应急的治理和协调能力，为一国石油应急管理提供基本框架，主要通过应急立法和组织机构建设情况来反映。

2. 国内生产能力

指在发生突发性石油短缺时，一国石油产业链供给侧的应对能力，为一国石油应急提供内部支持，主要通过备用产能和石油自给情况来反映。

3. 应急石油储备

主要指一国持有和释放应急石油储备的能力，是衡量一国石油应急能力最常用的指标之一，主要通过储备量、储备释放速度来反映。

4. 获得国际市场的能力

主要指在发生短缺后能够得到国际帮助，改变外部石油供给来源的能力，为一国石油应急提供外部支持，主要通过进口集中度、对运输要道的控制情况来反映。

5. 替代石油的能力

指在发生突发性石油短缺时，一国石油产业链需求侧的应对能力，是一国石油短缺时内部消费的调整应对，主要通过石油在能源消费中的占比、石油替代品情况来反映。

如图 11.2 所示，5 个一级指标可分为两个不同层次反映石油应急能力的情况。应急储备能力和石油替代能力直接体现应急能力的高低。释放储备和需求限制是

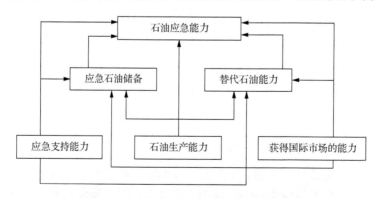

图 11.2　石油应急能力一级指标结构模型

在发生短缺时采取的重要措施，因此对应的储备能力和替代能力的高低会直接影响处理突发性短缺的效果与效率。应急支持能力、石油生产能力和获得国际市场的能力，间接反映一国应对石油短缺的能力，这三项能力综合反映了一国应对短缺时的物质与组织保障情况。

11.2.3　评价指标体系的构建

在上述 5 个一级指标的基础上，根据专家意见，细化出 16 个二级指标，构建了石油应急能力的评价体系（表 11.1）。

表 11.1　石油应急能力评价指标

一级指标	二级指标
应急能力（B1）	应急法规（C11）
	应急组织（C12）
	应急预案（C13）
国内生产能力（B2）	石油的自给率（C21）
	备用产能（C22）
应急石油储备（B3）	战略石油储备水平（C31）
	储备产品的结构（C32）
	储备释放达到市场的时间（C33）
	储备释放对市场的影响程度（C34）
获得国际市场的能力（B4）	石油进口份额（C41）
	石油进口集中度（C42）
	对进口运输要道的控制力（C43）
	与进口来源国的政治与经济关系（C44）
替代石油的能力（B5）	石油在一次能源消费结构中的比重（C51）
	直接替代能力（C52）
	潜在替代能力（C53）

11.2.4　指标标定方法

石油应急能力评价指标由主观指标和客观指标构成。客观指标可以直接量化，主观指标很难加以量化。鉴于各指标数据获取的难易程度，在实际评价过程中，对各指标的标定，采用表 11.2 中所列的方法。

11.2.5　指标的释义及评价分值的确定

16 个二级指标包含了反映一国石油应急能力的各个方面，力求能够全面客观地对石油应急能力进行评价。每个指标具体含义和测度内容如表 11.3 所示。

表 11.2　评价指标标定方法

序号	评价指标	获取方法	指标特征	指标性质
1	应急法规(C11)	专家打分	主观指标	正指标
2	应急组织(C12)	专家打分	主观指标	正指标
3	应急预案(C13)	专家打分	主观指标	正指标
4	石油的自给率(C21)	参数查询	客观指标	正指标
5	备用产能(C22)	专家打分	主观指标	正指标
6	战略石油储备水平(C31)	专家打分	主观指标	正指标
7	储备产品的结构(C32)	专家打分	主观指标	正指标
8	储备释放达到市场的时间(C33)	专家打分	主观指标	逆指标
9	储备释放对市场的影响程度(C34)	专家打分	主观指标	正指标
10	石油进口份额(C41)	参数查询	客观指标	逆指标
11	石油进口集中度(C42)	参数查询	客观指标	逆指标
12	对进口运输要道的控制力(C43)	专家打分	主观指标	正指标
13	与进口来源国的政治与经济关系(C44)	专家打分	主观指标	正指标
14	石油在一次能源消费结构中的占比(C51)	参数查询	客观指标	逆指标
15	直接替代能力(C52)	专家打分	主观指标	正指标
16	潜在替代能力(C53)	专家打分	主观指标	正指标

表 11.3　二级指标释义

指标	指标含义及对应急能力的影响
石油应急法规	测度一国的石油应急法律和法规体系是否完善,是开展应急管理工作的前提条件。在石油供给中断时,给予相关部门依据宪法和相关法规作出紧急处理的权力
石油应急组织	测度石油供应日常预警和应急救援的决策、指挥、功能设定、队伍建设等。应急组织设置是否合理、职责是否明确,直接关系到石油应急效率
石油应急预案	测度预案体系是否建立,以及预案的针对性、可行性等。完备的预案体系会大大降低由于石油供应中断所带来的各方面损失
石油自给率	测度国内石油生产量与石油总消费量的比值。石油自给率越高,应急能力越强
备用产能	测度在发生石油供应中断时,短期内一国石油产量增加的可能性。石油产量增长快越多,对市场的影响越大,一国的石油应急能力越强
战略石油储备水平	一般用战略储备可以使用的时间来表示,是应对短期石油供应中断的有效途径,可以保障原油的不断供给,同时又具有平抑国内油价异常波动的功能
储备产品结构	指原油的储备量占总储备量的比例,原油需要炼制后才能满足消费者的需求,所以原油储备比例越大,应急能力越弱,评价分值越低
储备释放达到市场的时间	与一个国家的石油物流运输系统的完备与否有关,储备释放后如果能快速找到恰当的运输路径,就能更好地满足市场,其石油应急能力也就越强
储备释放对市场的影响程度	与储备释放的时机选择、储备类型的选择、储备释放量以及石油供给中断的诱因等都有密切的关系
石油进口份额	一个国家进口量在国际市场上的占比,占比越大,说明国际市场上任何一次程度较小的波动都会影响到进口国国内石油供应的稳定性,其应急能力越差
石油进口集中度	选取某一年中位居前三名的进口量之和与该国进口总量的比值来进行衡量。集中度越高,应急能力越差

续表

指标	指标含义及对应急能力的影响
对进口运输要道的控制力	评价一国对石油进口运输要道的控制能力，控制能力的高低与一国的军事力量、经济力量高度相关。控制力越强，应急能力越强
与进口来源国的关系	评价一国与主要石油进口来源国的政治与经济关系稳固的程度。关系越稳固，石油应急能力越强
石油在能源消费中的地位	评价石油在一国能源消费结构中的占比。一个国家的经济发展对石油依赖程度越高，石油供应中断时寻找其他途径替代石油的能力越弱，应急能力就越弱
直接替代能力	评价石油被其他能源替代的可能性，替代的可能性越大，石油应急能力越强。与一国的能源发展战略、其他能源的发展水平密切相关
潜在替代能力	评价在发生石油供应中断的情况下，一个国家限制需求的措施及强度。措施越多，强度越大，其潜在替代能力越大

在 16 个二级指标中，石油自给率、石油进口份额、石油进口集中度、石油在一次能源消费结构中的占比为定量指标，可以根据统计数据加以计算。其余指标利用标准（表 11.4），根据国际能源署出版的 *IEA Response System for Oil Supply Emergencies*[61]等资料以及专家判断赋值。

表 11.4　指标赋值方法

评价指标	评价标准				
应急法规	完善	较完善	基本完善	不完善	只有较少的规定
应急组织	设置合理、职责明确	设置较合理、职责明确	设置较合理、职责较明确	设置不合理、职责较明确	设置不合理、职责不明确
应急预案	周密、灵活	较周密、灵活	较周密、灵活性一般	周密性一般、灵活性较差	周密性、灵活性都较差
备用产能	备用产能充足	备用产能较大	有一定的备用产能	备用产能很小	基本无备用产能
战略石油储备可用时间/月	≥4	(3, 4)	(2, 3)	(1, 2)	<1
原油储备量占总储备量的比例/%	<20	(20, 40)	(40, 60)	(60, 80)	≥80
储备释放达到市场的时间	运输系统很完备	运输系统较完备	运输系统完备性一般	运输系统完备性较差	运输系统不完备
储备释放对市场的影响程度	很高	较高	一般	较低	很低
对进口运输要道的控制力	完全控制	基本控制	部分控制	有影响力或控制	无影响力或控制
与进口来源国的关系	盟国关系	战略协作伙伴关系	一般关系	关系紧张	敌对关系
直接替代能力	替代能源发展水平高	替代能源发展水平较高	替代能源发展水平一般	替代能源发展水平较差	替代能源发展水平很差
潜在替代能力	措施多，强度大	措施较多，强度较大	措施一般，强度一般	措施较少，强度较小	措施少，强度小
评价等级	I	II	III	IV	V
评分值	10	8	6	4	2

11.3　IEA 成员国石油应急能力评价

11.3.1　评价对象的选择

截止到 2015 年年底，IEA 有 29 个成员国，其中加拿大、丹麦和挪威为石油净出口国，爱沙尼亚和卢森堡由于只从国外进口成品油，所以剔除这 5 个国家。以剩余 24 个国家为评价对象，包括澳大利亚、奥地利、比利时、捷克、芬兰、法国、德国、希腊、匈牙利、爱尔兰、意大利、日本、韩国、荷兰、新西兰、波兰、葡萄牙、斯洛伐克、西班牙、瑞典、瑞士、土耳其、英国、美国。

11.3.2　熵权法赋权

熵权法是一种客观赋值法，利用原始数据之间的关系，确定各项指标的权重。熵权法对主观赋权的结果进行客观分析和处理，能够有效避免传统赋权法的主观性和发散性[133]，具体步骤如下[134]。

第一步，对经过无量纲化处理的各指标数据 y_{ij} 作比重化变化。

$$P_{ij} = \frac{y_{ij}}{\sum_{i=1}^{m} y_{ij}} \qquad (i=1,2,\cdots,m；\ j=1,2,\cdots,n) \tag{11.1}$$

第二步，计算第 j 项指标的熵值 e_j

$$e_j = -\frac{1}{\ln m} \sum_{i=1}^{m} P_{ij} \ln P_{ij} \qquad (j=1,2,\cdots,n) \tag{11.2}$$

并规定当 $P_{ij}=0$ 时，$P_{ij}\ln P_{ij}=0$，从而保证 $e_j \in [0,1]$

第三步，计算第 j 项指标差异系数 d_j

$$d_j = 1-e_j \qquad (j=1,2,\cdots,n) \tag{11.3}$$

第四步，计算第 j 项指标的权重 w_j

对 d_j 作归一化处理，作为各指标的权重

$$w_j = \frac{d_j}{\sum_{j=1}^{n} d_j} \qquad (j=1,2,\cdots,n) \tag{11.4}$$

石油应急能力的 16 个评价指标中，4 个定量指标有具体的数值，12 个定性指标按前述的评价分值咨询专家赋分。经过上述计算得权重如表 11.5 所示。

表 11.5 熵值法下各指标的权重

一级指标	一级权重	二级指标	二级指标对一级指标的权重	二级指标对石油应急能力的权重
应急支持能力(B1)	0.1535	应急法规(C11)	0.0734	0.0113
		应急组织(C12)	0.8264	0.1268
		应急预案(C13)	0.1002	0.0154
国内生产能力(B2)	0.2992	石油的自给率(C21)	0.4037	0.1208
		备用产能(C22)	0.5963	0.1784
应急石油储备(B3)	0.326	战略石油储备水平(C31)	0.7362	0.24
		储备产品的结构(C32)	0.0368	0.012
		储备释放达到市场的时间(C33)	0.1096	0.0357
		储备释放对市场的影响程度(C34)	0.1174	0.0383
获得国际市场的能力(B4)	0.1026	石油进口份额(C41)	0.0539	0.0055
		石油进口集中度(C42)	0.3761	0.0386
		对进口运输要道的控制力(C43)	0.455	0.0467
		与进口来源国的政治与经济关系(C44)	0.115	0.0118
替代石油的能力(B5)	0.1187	石油在一次能源消费结构中的占比(C51)	0.2396	0.0285
		直接替代能力(C52)	0.6208	0.0737
		潜在替代能力(C53)	0.1396	0.0166

11.3.3 模糊综合评价

模糊综合评价理论是在 1965 年由自动控制专家 L. A. Zadeh 提出的,是一种基于模糊数学的综合评标方法。该综合评价法根据模糊数学的隶属度理论,把定性评价转化为定量评价,即用模糊数学对受到多种因素制约的事物或对象做出一个总体的评价。模糊综合评价法的基本原理是:首先确定被评判对象的指标集和评价集,然后分别确定各个因素的权重及隶属度向量,从而得到模糊评判矩阵,最后把模糊综合评判矩阵与因素的权向量进行模糊运算并进行归一化,得出模糊综合评价结果。

1. 确定石油应急能力评价等级评语集

石油应急能力评价评语集为 V={V1,V2,V3,V4,V5}={高,较高,一般,较差,差},评价等级为 5 级,评价指标的评分等级标准如表 11.6 所示。

表 11.6　评价指标的评分等级标准

评价指标值	应急能力等级 V	应急程度
8～10	高(V1)	应急能力高，继续保持
6～8	较高(V2)	应急能力较高，个别指标需进一步优化
4～6	一般(V3)	应急能力一般，需要进一步提升
2～4	较差(V4)	应急能力较差，急需改进
0～2	差(V5)	应急能力很差，需要立刻调整

2. 确定因素评价矩阵

利用专家组评价一级和二级指标因素得到评价因子的隶属度。邀请 10 位专家对 24 个 IEA 成员国的石油应急能力进行等级评价。以澳大利亚为例，10 位专家对澳大利亚的石油应急能力进行等级评价，其中对 C11 应急法规该指标，有 4 位专家认为其等级为高，除以专家总人数后得到"高"的隶属度"0.4"，以此得到"较高"、"一般"、"较差"、"差"的隶属度为"0.5"、"0.1"、"0"、"0"，汇总得到 C11 的模糊评价矩阵为(0.4，0.5，0.1，0，0)。综合各个指标，如表 11.7 所示。

表 11.7　澳大利亚石油应急能力评价矩阵

一级指标	二级指标	模糊评价矩阵				
		高	较高	一般	较差	差
应急支持能力(B1)	应急法规(C11)	0.4	0.5	0.1	0	0
	应急组织(C12)	0.8	0.2	0	0	0
	应急预案(C13)	0.3	0.6	0.1	0	0
国内生产能力(B2)	石油的自给率(C21)	0.1	0.5	0.4	0	0
	备用产能(C22)	0	0.4	0.4	0.2	0
应急石油储备(B3)	战略石油储备水平(C31)	0.6	0.4	0	0	0
	储备产品的结构(C32)	0.3	0.4	0.3	0	0
	储备释放达到市场的时间(C33)	0.2	0.4	0.4	0	0
	储备释放对市场的影响程度(C34)	0.2	0.4	0.4	0	0
获得国际市场的能力(B4)	石油进口份额(C41)	0.4	0.3	0.3	0	0
	石油进口集中度(C42)	0.5	0.3	0.2	0	0
	对进口运输要道的控制力(C43)	0.5	0.5	0	0	0
	与进口来源国的政治与经济关系(C44)	0.5	0.5	0	0	0
替代石油的能力(B5)	石油在一次能源消费结构中的占比(C51)	0.3	0.4	0.3	0	0
	直接替代能力(C52)	0.1	0.3	0.5	0.1	0
	潜在替代能力(C53)	0.4	0.4	0.2	0	0

3. 综合评价

1) 针对二级指标的综合评价

$$A_1=\{0.0734, 0.8264, 0.1002\}$$

$$R_1=\begin{bmatrix} 0.4 & 0.5 & 0.1 & 0 & 0 \\ 0.8 & 0.2 & 0.1 & 0 & 0 \\ 0.3 & 0.6 & 0.1 & 0 & 0 \end{bmatrix}$$

所以，$B_1=A_1\times R_1 =(0.72054, 0.2621, 0.01736, 0, 0)$

同理，可得：

$B_2=(0.04037, 0.44037, 0.4, 0.11926, 0)$　$B_3=(0.49816, 0.4, 0.10184, 0, 0)$
$B_4=(0.49461, 0.414, 0.09139, 0, 0)$　$B_5=(0.1898, 0.33792, 0.4102, 0.06208, 0)$

2) 针对一级指标的综合评价

$$A=\{0.1535, 0.2992, 0.326, 0.1026, 0.1187\}$$

$$B=\begin{bmatrix} 0.0734 & 0.2621 & 0.01736 & 0 & 0 \\ 0.04037 & 0.44037 & 0.4 & 0.11926 & 0 \\ 0.49816 & 0.4 & 0.10184 & 0 & 0 \\ 0.49461 & 0.414 & 0.09139 & 0 & 0 \\ 0.1898 & 0.33792 & 0.4102 & 0.06208 & 0 \end{bmatrix}$$

$$A\times B=(0.35836, 0.38498, 0.21361, 0.04305, 0)$$

通过以上计算可以得出：认为澳大利亚的石油应急能力高的占比为 35.836%，认为澳大利亚的石油应急能力较高的占比为 38.498%，认为澳大利亚的石油应急能力一般的占比为 21.361%，认为澳大利亚的石油应急能力较差的占比为 4.305%。

澳大利亚石油应急能力的综合得分：

$$0.35836\times9+0.38498\times7+0.21361\times5+0.04305\times3+0\times1=7.1173$$

同理，其他得成员国模糊综合评价结果如表 11.8 所示。

表 11.8　IEA 24 国综合评价结果

石油应急能力	评价结果					综合评价得分
	高	较高	一般	较差	差	
澳大利亚	0.35836	0.38498	0.21361	0.04305	0	7.1173
奥地利	0.31768	0.29962	0.20328	0.1496	0.02992	6.45158
比利时	0.32191	0.29632	0.17919	0.1689	0.03378	6.40786
捷克	0.32692	0.29514	0.17536	0.1689	0.03378	6.42554
芬兰	0.29498	0.28002	0.20791	0.18341	0.03378	6.23852

续表

石油应急能力	评价结果					综合评价得分
	高	较高	一般	较差	差	
法国	0.34615	0.26609	0.17149	0.18645	0.02992	6.4247
德国	0.39403	0.24031	0.1708	0.16118	0.03378	6.59976
希腊	0.29112	0.3019	0.20498	0.16832	0.03378	6.29702
匈牙利	0.28185	0.26957	0.21687	0.19803	0.03378	6.13586
爱尔兰	0.28356	0.28476	0.22231	0.17569	0.03378	6.21776
意大利	0.35241	0.35139	0.18814	0.09608	0.01208	6.87244
日本	0.37789	0.20488	0.173	0.21055	0.02992	6.36174
韩国	0.28928	0.2803	0.20461	0.19599	0.02992	6.20656
荷兰	0.32719	0.27141	0.18513	0.18645	0.02992	6.3595
新西兰	0.345	0.38063	0.2358	0.03867	0	7.06442
波兰	0.28373	0.26268	0.21948	0.20043	0.03378	6.1248
葡萄牙	0.30368	0.29454	0.21499	0.15697	0.02992	6.37068
斯洛伐克	0.34296	0.24443	0.1809	0.19803	0.03378	6.33002
西班牙	0.33047	0.29169	0.19105	0.15697	0.02992	6.47214
瑞典	0.30243	0.27274	0.19312	0.19803	0.03378	6.22452
瑞士	0.33067	0.25982	0.1778	0.19803	0.03378	6.31164
土耳其	0.32091	0.30602	0.205	0.15223	0.01594	6.52796
英国	0.50626	0.35194	0.11137	0.02667	0.00386	7.66064
美国	0.62807	0.28061	0.06311	0.0239	0.00441	8.00856

11.3.4 评价结果分析

由熵权法确定的一、二级指标权重可知，在一级指标中应急石油储备和国内生产能力占比较大，在二级指标中战略石油储备水平、备用产能、应急组织占比较大。应急石油储备是影响一国石油应急能力的最主要指标，释放石油储备可以短期内稳定市场供需，平抑油价，也是在发生短缺时采取的重要措施。完善高效的应急组织体系，备用产能同样在石油应急响应中发挥重要作用。

根据模糊综合评价的评分结果，24国综合评分结果均值6.55，IEA成员国整体石油应急能力均较高，但是成员国之间应急能力存在一定差别。美国、英国评分处于前25%，澳大利亚、新西兰、意大利、德国评分处于前50%，其余18国在平均分数之下。

从概率的角度，隶属度反映了各国石油应急能力在评价语义集 V(V1、V2、V3、V4、V5)中各个等级的可能性大小。按照最大隶属度原则：美国、英国、德国、土耳其、斯洛伐克五国的应急能力处于 V1，其余19国应急能力处于 V2。虽然均处于较高水平，但是彼此隶属度之间仍存在明显差异，可以将处于 V2 的19

个国家进一步细分为三个等级：第一个等级有澳大利亚、新西兰，这两个国家 V1
和 V2 的隶属度较高，均在 35%以上，且在 V1 和 V2 间的差距不大；第二个等级
有奥地利、捷克、法国、意大利、日本、荷兰，这 6 个国家的隶属度同样集中在
V1 和 V2，但是处于 V1 的可能性较第一个等级的两国有所下降，在 30%以上；
第三个等级有比利时、芬兰、希腊、匈牙利、爱尔兰、韩国、波兰、葡萄牙、瑞
典、瑞士、西班牙，这 11 个国家处于 V1 的可能性进一步降低，V3 的可能性提
高，隶属度在 V1、V2、V3 间均匀分配。

　　从专家打分结果可看出，首先因为各成员国需要遵守组织规定、应急立法与
应急储备的建设需达到一定要求，所以在应急支持能力和石油储备能力这两个指
标中各国得分均处于较高水平。同时发现在 IEA 成立初期加入的美国、英国、法
国、德国等几个国家，应急立法与组织体系建设较为完善。其次替代能力与获取
国际市场能力这两个指标各国所得评分差别较大，美国、德国、意大利、捷克评
分较高，获得国际市场的能力是法国、澳大利亚、荷兰、西班牙、葡萄牙、英国
评分靠前。国内生产能力，除英国、美国、澳大利亚、新西兰、意大利评分较高
以外，其他各国均处在较低水平。这主要与各国资源禀赋、石油化工的发展程度
有着密切关系。

11.4　本 章 小 结

　　为评价一国石油应急能力，本章提出了一个包含 5 个一级指标、16 个二级指
标的石油应急能力评价体系。利用熵权模糊法选择 24 个 IEA 国家的石油应急能
力进行了评价。评价结果表明：石油储备是决定一国石油应急能力高低的最重要
指标；24 个 IEA 成员国石油应急能力均处在较高的水平，但是彼此之间仍然存在
差异；在替代能力、获取国际市场能力和国内生产能力方面差别比较明显。

第12章 完善中国能源应急体系的对策

根据应急体系和应急管理的相关定义[135,136]，能源应急体系可以定义为"应对突发性能源短缺事件所需要的组织机构、运行机制、制度和资源体系的总称"，反映了一个国家或地区对突发性能源短缺事件的应急能力。能源应急体系一般包括监测预警体系、应急预案体系、应急法规体系、应急组织体系和应急储备体系，分别为突发性能源短缺的应急响应提供决策依据、行动指南、制度保障、组织保障和资源保障[137]。

随着能源消费量和油气对外依存度的不断增大，我国的能源应急体系尤其是石油应急体系建设得到了重视和发展(图 12.1)，包括建立国家战略石油储备、成立石油储备管理的政府机构、制定相关法律和条例、参与国际能源合作等。但是，与西方国家相比，我国能源应急体系还相当薄弱，与能源消费大国和油气对外依存度不断提高的现实很不相称，还存在能源应急法律不健全、能源应急组织不完善、能源储备体系建设滞后、能源应急预案与应急准备体系不完整等问题。结合前面的研究，提出以下完善中国能源应急体系的对策。

12.1 加快能源应急立法，建立能源应急储备

能源应急法规是能源应急体系建设的基础，能够为突发性能源短缺应急响应提供法制保障。西方国家特别重视应急法律体系建设，在石油应急组织、应急储备、应急数据收集与信息共享等方面，都有相关的法律规定。在美国，当出现严重石油供应中断时，总统可以依照《能源法》授权能源部承担国家能源应急组织①的职能，由其执行国际能源署的应急响应计划，并将国内石油市场信息及时反馈给国际能源署；《能源政策与节能法》和《能源供应和环境协调法》则对石油储备量、储备管理和储备动用作出了详细规定。在瑞典，1978 年颁布的《配给法》是建立和运作国家能源应急组织的基础，其中国家能源局是国家能源应急组织的核心，1987 年颁布的《石油和煤炭应急储备法》和《石油和煤炭应急储备条例》是储备持有和动用的依据。日本则通过《石油储备法》、《国家石油公团法》、《石油供应和需求调整法》来规范石油应急行为。

---

① 根据国际能源署的规定，成员国必须建立能源应急共享组织(NESO)。

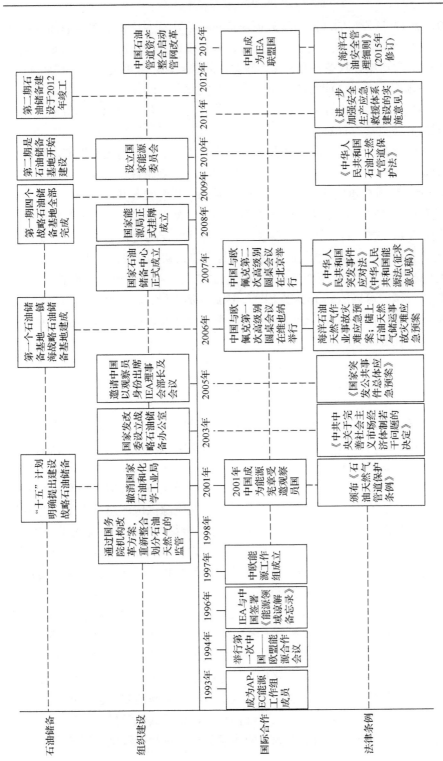

图12.1 中国石油应急体系发展(1993～2015年)

资料来源：根据历年新闻资料整理

2007 年 12 月公布的《能源法》征求意见稿第八章专门就能源应急问题进行了规范，包括应急范围与阶段、应急预案、应急事件分级、应急事件认定、应急处置原则、应急措施授权条件和约束、应急保障重点、应急相关主体责任和义务、应急善后等内容，但是《能源法》至今尚未正式发布。除此之外，还要就石油、煤炭、天然气等主要能源建立专门的应急预警、应急储备、应急调运办法，使得不同能源的应急更具有针对性。

建立应急储备体系，是应对能源供应短缺的基本手段，是突发性能源短缺应急响应的资源保障。与西方国家相比，中国的能源应急储备体系非常薄弱。截至 2016 年中期，我国共建成 9 个国家石油储备基地，利用储备基地及部分社会企业库容，储备原油 3325 万 t，仅为 40 天石油净进口量，而美国目前的战略储备为 6.93 亿桶，足以支持 142 天的进口保护，日本的战略储备也接近 150 天，德国的战略储备为 100 天。中国天然气储备体系还处于建设初期，截至 2016 年年底，我国建成地下储气库 19 座，工作气量在 60 亿 m^3 左右，约占全年消费量的 3%，而西方主要用气国家可以达到 15% 以上[138]。因此，加大能源储备基础设施建设，统筹规划储备规模与储备模式，合理布局和科学管理能源储备，是我国能源应急体系建设的重要任务。

12.2　完善能源应急预案，加强能源应急演练

应急预案是能源供应应急响应的基本依据，能够确保能源短缺应急响应工作科学、有序地进行。我国需要尽快在原有的《煤电油气运综合协调应急预案》的基础上，制定和完善煤炭、电力、石油、天然气供应应急专项预案，形成国家能源供应总体应急预案，并建立国家、省、市、县四级能源供应应急预案，对现有的相对分散或杂乱的应急预案加以整合和升级。在能源供应应急预案中，对能源供应应急的组织指挥体系、应急监测与预警机制、分级响应机制及优先供应顺序、应急资源保障、应急处置及善后等工作做出基本安排。除了制订总体应急预案外，还要做好能源安全生产预案、油气管道保护应急预案和能源储备应急预案的建立和修订工作。

能源供应应急体系涉及多区域、多层级、多部门、多主体，应急响应的及时性、协同性要求也较高。在能源应急预案中，需要明确能源供应应急的决策部门、执行部门、协调部门，明确各应急部门之间的纵向指挥关系和横向协作关系，确保在能源供应突发事件发生时，能够作出迅速响应。具体来说，能源供应短缺的应急决策可以由各级政府综合应急指挥机构或组建能源应急委员会承担；应急执行和日常应急管理可以由各级能源主管部门承担，赋予其能源供应应急权力，负责组织能源供应应急演练、报送能源供应应急数据、执行能源供应应急政策、监

督检查能源应急储备、开展能源供应应急监测预警等具体工作；应急协调主要有运输、通信、交通等部门组成，也可以吸收大型能源生产、消费、运输、进出口企业参加，以便在能源供应短缺时作出快速、协同响应。

　　应急演练是以应急预案为基础、对各部门应急能力全面系统的测试，是提升应急能力的有效手段。能源应急演练可帮助各应急部门熟悉具体流程，加强各部门间的应急配合能力，有助于完善响应各环节。自建立以来，IEA 已经组织成员国进行过 10 余次石油应急演练，测试评估应急响应的技术设备和程序。作为能源消费和油气进口大国，中国要在应急法律和应急预案的基础上，建立应急演练体系，以全面提升能源应急能力，确保能源短缺发生时作出快速响应。

12.3　建立能源预警机制，加强应急信息发布

　　能源供应监测预警可以对能源供应的关键节点和关键环节进行全方位监视，使得能源供应形成一个整体，发挥能源供应体系的并联和串联效应，是能源短缺应急决策的基础。能源供应监测预警体系建设的核心是信息平台建设，在各级能源主管部门的组织下，通过开发能源预测预警模型，构建能源预警平台，根据能源生产、消费、中转、运输、进出口、能源基础设施数据的收集和处理，监测能源市场运行情况，设定能源供应预警的警戒线，一旦发现异常情况，及时向应急决策部门反馈，以确保应急响应的科学性、及时性和针对性。基于突发性能源短缺具有突发性、区域性等特点，还应注重短期诱发事件的监测，这需要能源预测预警部门加强与自然灾害防治、外交、能源企业等部门合作，及时了解诱发事件发生的概率、严重程度和影响范围，增加对突发性能源短缺的风险识别能力。

　　在突发性能源短缺发生时，通过能源应急监测预警信息平台进行信息发布，还有助于打击蓄意制造能源市场紧张、牟取非法利益的行为，消除消费者的恐慌，引导消费者合理的购买行为，保障能源市场的正常进行和价格稳定。当前，能源供应监测预警需要建立以各级应急管理机构为主体，各类社会专业机构广泛参与的机制，亟须建立全国性能源供应信息数据库与应急案例库，为应急管理提供丰富资料和素材，建立监测预警的专家库，畅通专业机构预测预警信息和成果的及时、准确上报机制。

12.4　增强能源应急协同，开展国际能源合作

　　能源应急是一项多层次、多主体参与的活动，涉及政府、能源生产、能源运输、能源储备、能源消费等主体。从我国已经发生的能源短缺应急响应来看，国务院、国家部委在能源应急中起到了很好的组织协调作用，但是大多数地方

政府及其主管部门、能源供应链企业都缺乏相应的应急机构，应急响应中还存在信息沟通不畅、信息共享不足的问题，致使各应急主体尤其是基层部门的协同性不高，导致应急响应的重心停留在上层部门，影响了应急响应的速度和效果。就政府主体而言，需要尽快明确能源应急主管部门和参与部门，明确相关主体的职责，建立应急协同机制；从生产主体来看，代表性企业应加强与政府能源主管部门的沟通，避免恶性竞争和恶性囤积能源，在能源短缺时配合政府主管部门，通过加大生产力度，保障市场供应；从存储主体和销售主体、运输主体来看，要建立足够规模的应急储备，在能源短缺时，配合政府主管部门有序释放储备，不得趁机涨价，扰乱市场秩序，运输企业要保持运输通畅，确保调运系统安全；就社会公众而言，在能源短缺发生后，积极执行国家政策，通过限制使用、改变燃料种类等方式渡过能源短缺时期，促进市场恢复。另外，还应建立能源应急供应的区域协同机制，建立区域应急信息共享平台，提高区域应急预警和反应灵动性；健全区域间能源应急资源的共享机制，包括应急储备、应急人员、应急技术及应急资金等。

IEA 作为西方发达国家共同组建的石油应急机构，其宗旨是当出现石油短缺时，共同协同响应，增加抵御石油短缺的能力。IEA 成员国具备充足的战略石油储备和熟练运作应急反应机制的长期经验。我国经济快速发展，石油对外依赖度逐年增大，在完善石油应急体系的过程中，应该加强与 IEA 的合作，共同构建全球能源信息共享平台，开展战略石油储备和应急互助合作，制订保障石油供应的协同应急预案，增强石油应急能力。但是，中国目前相关的法律体系、组织体系不完善，应急储备、市场信息系统正处在起步阶段，初期投入偏高是导致合作受限的主要因素。为尽快达成中国与 IEA 的合作，中国应该尽快建立能源应急体系，降低合作成本。

参 考 文 献

[1] Lappalainen V A. The new security of energy supply directives. A First Response to Some Big Questions. Era Forum, 2007, 8(3): 427-434.

[2] 冯春艳. 发达国家的石油供应应急机制. 中国石化, 2007,(1): 45-47.

[3] Oregon Department of Energy. Energy Plan of State of Oregon: 2007-2009. 2008, 3.

[4] California Energy Commission. Energy Emergency Response Plan. 2006, 10.

[5] State Energy Office. Minnesota Energy Emergency Plan. 2007, 10.

[6] David L O, Hayward. China's oil supply dependence. Journal of Energy Security, 2009,(6).

[7] 安德鲁·斯皮德. 防守底线: 在关注气候变化和能源安全之外, 中国的能源抵御能力亦不可丝毫放松. 环球企业家, 2010, 2.

[8] Sorensen J H. Managing energy emergencies. Geoforum, 1983, 14(1): 15-24.

[9] Lindsay F A. Plan for the next energy emergency. Harvard Business Review, 1981,(1): 9-10.

[10] Ginn N L. Energy emergency preparedness: An overview of state authority. Department of energy, 1978, 6.

[11] Hubbard R G. Oil supply shocks and international policy coordination. European Economic Review, 1986, 30: 91-106.

[12] Toman M A, Murphy F H, Weiss H J. A stochastic dynamic nash game analysis of policies for managing the strategic petroleum reserves of consuming nations. Management Science, 1987, 33(4): 484-499.

[13] Katz J E. The strategic petroleum reserve: technology and policy implementation. Energy, 1981, 6(9): 927-932.

[14] Oren S S, Shaw H W. Optimal strategic petroleum reserve policies: A steady state analysis. Management Science, 1986, 32(1): 14-29.

[15] International energy agency. IEA response system for oil supply emergencies. IEA publications, 2008, 12.

[16] International energy agency. Oil supply security emergency response of IEA countries.IEA publications, 2007, 12.

[17] 国家发改委石油储备办公室等. 石油供应安全: 2000 年国际能源署成员国应急潜力. 北京: 石油工业出版社, 2006.

[18] Rick M. Fuel emergency part 1. Energy Bulletin, 2008, 1.

[19] Rick M. Oil supply emergencies: An annotated bibliography. Energy Bulletin, 2010, 12.

[20] Rick M. Preparedness for fuel supply disruptions. Energy Bulletin, 2010, 12.

[21] Leotta K, Lagerberg B, Cotton K. Observations on local governments' preparedness for fuel supply disruptions. Energy Bulletin, 2010, 11.

[22] Chaichana C, Kaewtathip S. Emergency response for Thailand energy sector. Energy Procedia, 2016, 100: 459-462.

[23] Farrell A E, Zerriffi H, Dowlatabadi H. Energy infrastructure and security. Annual Review Environment and Resources, 2004, 29: 421-469.

[24] Department of Homeland Security. National Response Framework: Emergency Support Function #12-Energy Annex. 2008, 1.

[25] National Association of State Energy Officials. State Energy Assurance Guidelines. 2009, 12.

[26] Department of Energy. Energy Sector-Specific Plan 2010: An Annex to the National Infrastructure Protection Plan. 2010, 9.

[27] Energy Sector Control Systems Working Group. Roadmap to Secure Energy Delivery Systems. 2011, 1.

[28] 中国电力企业管理编辑部.《2009 美国复苏与再投资法案》能源部分节选. 中国电力企业管理, 2009, (3): 19.

[29] Department of Energy. Secretary Chu Announces Over $8 Million to Support Local Energy Assurance Planning Initiatives. (2010-02-19), [2017-04-11]http: //www.energy.gov/8672.htm.

[30] Department of Energy. Emergency Response. http: //www.energy.gov/nationalsecurity/ emergencyresponse. html.

[31] Department of Energy. Comparing the Impacts of the 2005 and 2008 Hurricanes on U.S. Energy Infrastructure. 2009, 2.

[32] Department of Energy & Climate Change. National Emergency Plan for Gas & Electricity. 2010, 4.

[33] Canadian Centre of Intelligence and Security Studies. Critical Energy Infrastructure Protection in Canada. 2010, 12.

[34] Minister of Justice. Energy Supplies Emergency Act. 2010, 12.

[35] 董秀成. 应急储备体系是"柴油荒"治本之策. 中国能源报, 2010-11-24.

[36] 廖建凯. 日本的能源储备制度与应急法律制度及其借鉴. 环境资源法论丛, 2009, 8: 166-181.

[37] 廖建凯. 我国能源储备与应急法律制度及其完善. 西部法学评论, 2010, (2): 111-115.

[38] 杨敏英. IEA 各国的石油安全应急对策体系(一)—制定石油安全应急对策体系的必要性. 中国能源, 2002, (3): 15-17.

[39] 杨敏英. IEA 各国的石油安全应急对策体系(二)—石油安全紧急对策体系主要内容及对策实施. 中国能源, 2002, (4): 14-17.

[40] 钟宪章. 1973 年冬尼克松政府能源应急对策研究. 黑龙江社会科学, 2010, (2): 121-124.

[41] 刘恩东. 美国石油应急机制的特点. 学习时报, 2009-7-20.

[42] 刘恩东. 国际能源机构能源应急反应机制. 新远见, 2012, (12): 13-20.

[43] 罗云云. 国际能源机构在石油危机中的表现及其对我国的启示. 南方经济, 2003, (1): 76-79.

[44] 金三林, 米建国. 我国石油储备体系建设的基本构想. 中国软科学, 2008, (1): 7-13.

[45] 李昕. 国际能源机构应急石油管理制度对我国的启示. 西南石油大学学报(社会科学版), 2015, 17(6): 9-18.

[46] 吕涛. 突发性能源短缺的应急体系研究. 中国人口·资源与环境, 2011, 21(4): 105-110.

[47] 黄宏纯, 陆崇芳. 中国国家石油储备应急动用机制研究. 法制与社会, 2017, (8): 47-48.

[48] 秦新丽, 吕涛. 应对突发性能源短缺的应急能力评价模型研究. 能源技术与管理, 2011, (5): 65-68.

[49] 吴刚, 魏一鸣. 美国战略石油储备补仓和释放策略分析. 中国能源, 2009, (4): 12-15.

[50] 吴刚, 魏一鸣. 突发事件情景下的中国战略石油储备应对策略研究. 中国管理科学, 2011, 19(2): 140-146.

[51] 刘晓燕, 吕涛. 基于 GSPN 的能源应急管理流程建模与分析. 科技管理研究, 2014, (21): 175-179.

[52] 朱维娜. 突发性石油短缺的演化机理及多主体应急响应研究. 徐州: 中国矿业大学, 2015.

[53] 刘晓燕, 吕涛. 突发性能源短缺应急主体演化博弈研究. 中国人口·资源与环境, 2016, 26(5): 154-159.

[54] 李银淮. 供应中断情景下的战略石油储备优化研究. 镇江: 江苏科技大学, 2016.

[55] 郭杰, 董秀成, 皮光林. 突发性天然气供应中断的应急决策. 天然气工业, 2015, 35(3): 129-134.

[56] Jacob M, Hellström T. Policy understanding of science, public trust and the BSE-CJD crisis. Journal of Hazardous Materials, 2000, 78(1): 303-317.

[57] 龚大勇, 刘洪波. 2010 年 1 月煤炭运输情况简述. 中国煤炭市场, 2010, (2): 28-31.

[58] 谢百帅, 张卫国, 廖萍康, 等. 政府协调下群体性突发事件的演化博弈分析及应用. 运筹与管理, 2014, 23(5): 243-249.

[59] 刘德海, 王维国, 孙康. 基于演化博弈的重大突发公共卫生事件情景预测模型与防控措施. 系统工程理论与实践, 2012, 32(5): 937-946.

[60] 张浩宇, 陈安. 应急救灾三方博弈模型研究. 电子科技大学学报(社科版), 2011, 13(3): 24-28.

[61] International Energy Agency. Energy supply security: The emergency response of IEA countries(2014). Pairs: IEA publications, 2014.

[62] 郭晓立, 张屹山.国际区域能源合作的解释结构模型.工业技术经济, 2012, (11): 138-147.

[63] 闫世刚. 低碳经济视角下的中国新能源国际合作. 外交评论: 外交学院学报, 2012, 29(5): 82-94.

[64] Graaf T V D. Obsolete or resurgent? the international energy agency in a changing global landscape. Energy Policy, 2012, 48(5): 233-241.

[65] Causevic A. A thirsty dragon —rising Chinese crude oil demand and prospects for multilateral energy security cooperation. Frankfurt am Main Germany: Peace Research Institute Frankfurt, 2012.

[66] Odgaard O, Delman J. China's energy security and its challenges towards 2035. Energy Policy, 2014, 71: 107-117.

[67] Friedman D. Evolutionary game in economics. Econometrica, 1991, 59(3): 637-666.

[68] 谢识予. 经济博弈论.(第3版). 上海: 复旦大学出版社, 2007.

[69] 王循庆, 李勇建, 孙华丽. 基于情景推演的群体性突发事件演化博弈分析. 管理科学, 2015, 28(6): 133-142.

[70] 焦建玲, 张峻岭, 魏一鸣. 石油储备价值研究: 基于供应链视角. 管理科学学报, 2011, 14(2): 53-60.

[71] 张峻岭. 基于规划模型的我国石油供应链优化问题研究. 合肥: 合肥工业大学硕士学位论文, 2009.

[72] 徐珊. 基于复杂网络的国际石油贸易网络研究. 北京: 中国地质大学硕士学位论文, 2011.

[73] 吴俊, 谭跃进, 邓宏钟, 等. 无标度网络拓扑结构非均匀性研究. 系统工程理论与实践, 2007, 27(5): 101-105.

[74] 周漩, 张凤鸣, 惠晓滨, 等. 基于熵的复杂有向网络异质性度量方法. 系统工程, 2011, 29(8): 123-126.

[75] 谭跃进, 吴俊. 网络结构熵及其在非标度网络中的应用. 系统工程理论与实践, 2004, 24(6): 1-3.

[76] 罗鹏, 李永立, 吴冲. 利用网络结构熵研究复杂网络的演化规律. 复杂系统与复杂性科学,2013, 10(4): 62-68.

[77] 王林, 戴冠中, 胡海波. 无标度网络的一个新的拓扑参数. 系统工程理论与实践, 2006, 26(6): 49-53.

[78] 刘军. 整体网分析: UCINET 软件实用指南.(第2版). 上海: 格致出版社, 上海人民出版社, 2014.

[79] 何鸿, 王丹. 供应中断事件前后石油价格变化分析. 中国国土资源经济, 2012, 25(3): 18-20.

[80] 毕亮亮. 20 世纪石油危机时期美国石油政策与影响. 开封: 河南大学硕士学位论文, 2010.

[81] 张珣, 余乐安, 黎建强, 等. 重大突发事件对原油价格的影响. 系统工程理论与实践, 2009, 29(3): 10-15.

[82] 谢威, 安明胜, 钟世才, 等. 突发事件对油价的效应分析模型——基于 PSR 的概念框架. 软科学, 2012, 26(8): 37-39.

[83] 陈安. 应急管理的机理体系. 安全, 2007,(6): 10-12.

[84] 林闯, 李雅娟, 单志广. 基于随机 Petri 网的系统性能评价. 清华大学学报(自然科学版), 2003, 43(4): 475-479.

[85] 王循庆, 李勇建, 孙华丽. 基于随机 Petri 网的群体性突发事件情景演变模型. 管理评论, 2014, 26(8): 53-62.

[86] 王文宾, 达庆利. 基于广义随机 Petri 网的再制造供应链建模与性能分析. 系统工程理论与实践, 2007, 27(12): 56-61.

[87] 张晶. 建立我国地方成品油应急储备的必要性及相关建议. 国际石油经济, 2016, 24(7): 70-73.

[88] MirHassani S A. An operational planning model for petroleum products logistics under uncertainty. Applied Mathematics and Computation, 2008, 196(2): 744-751.

[89] Rahman S U, Smith D K. Use of location-allocation models in health service development planning in developing nations. European Journal of Operational Research, 2000, 123(3): 437-452.

[90] Zografos K G, Androutsopoulos K N, Vasilakis G M. A real-time decision support system for roadway network incident response logistics. Transportation Research Part C Emerging Technologies, 2002, 10(1): 1-18.

[91] Barbarosoğlu G, Arda Y. A two-stage stochastic programming framework for transportation planning in disaster response. Journal of the operational research society, 2004, 55(1): 43-53.

[92] Chang M S, Tseng Y L, Chen J W. A scenario planning approach for the flood emergency logistics preparation problem under uncertainty.Transportation Research Part E Logistics & Transportation Review, 2007, 43(6): 737-754.

[93] Shin E, Savage T. Joint stockpiling and emergency sharing of oil: Arrangements for regional cooperation in East Asia. Energy Policy, 2011, 39(5): 2817-2823.

[94] 尹峰. 煤炭应急储备规模与布局研究. 北京: 中国矿业大学博士学位论文, 2013.

[95] 刘树, 王燕, 胡凤阁. 对灰色预测模型残差问题的探讨. 统计与决策, 2008, (1): 9-11.

[96] 鄢琼伟, 陈浩. GDP 与能源消费之间的关系研究. 中国人口·资源与环境, 2011, 21(7): 13-19.

[97] 王亮. 成品油物流系统的构建与优化. 武汉: 武汉理工大学博士学位论文, 2010.

[98] 晋安岑. 长江流域原油需求预测及运输系统方案研究. 上海: 上海海事大学硕士学位论文, 2007.

[99] 尚佳宁, 赵京, 司洪波, 等. 基于多目标规划的地震应急救援营救装备的优化配置. 灾害学, 2013, 28(4): 193-196.

[100] 蒋胡民. 中国石油集团汶川大地震成品油应急供应分析. 国际石油经济, 2008, 16(7): 63-68, 92.

[101] 王佑. 地震灾区的成品油供应路线图. 第一财经日报, 2008-06-04(C02).

[102] 新浪网. 四川汶川强烈地震. http://news.sina.com.cn/z/08earthquake/index.Shtml, 2016-02-25.

[103] 网易新闻. 四川汶川发生 8 级地震. http://news.163.com/special/00012MS5/sichuan0512.html, 2016-05-27.

[104] 国务院应急管理办公室. 跨区域应急管理合作机制建设调研报告. 中国应急管理, 2014, (3): 7-10.

[105] 谷人旭. 长三角省际边界的区域关系演变及协调发展路径. 上海城市管理职业技术学院学报, 2009, (6): 13-16.

[106] 邵明洋. 震后交通系统通过能力研究. 北京: 中国地震局工程力学研究所硕士学位论文, 2009.

[107] 钟志新. 基于脆弱性的震后交通应急问题研究. 成都: 西南交通大学硕士学位论文, 2011.

[108] 徐梅, 陈顺. 我国成品油物流系统的发展探讨. 物流技术, 2005, (10): 81-83.

[109] 刘军. 整体网分析讲义: UCINET 软件实用指南. 上海: 格致出版社, 2009.

[110] 苏陈朋, 韩传峰. 非常规突发事件跨组织合作网络结构演化机理研究——以 2008 年桂林冰雪灾害为例. 软科学, 2014, 28(8): 107-111.

[111] 王志平, 王众托. 超网络理论及其应用. 北京: 科学出版社, 2008.

[112] 朱莉, 陆倩倩, 李婧琦, 等. 区域应急联动的超网络分析——以太湖蓝藻事件为例. 软科学, 2015, 29(12): 72-76.

[113] 朱莉, 曹杰. 城市群应急资源协调调配的超网络结构研究. 管理评论, 2015, 27(7): 207-217.

[114] Nagurney A. On the relationship between supply chain and transportation network equilibria: A supernetwork equivalence with computations. Transportation Research Part E Logistics & Transportation Review, 2006, 42(4): 293-316.

[115] 周利剑, 李振宇, 贾韶辉, 等. 信息化在美国国家油气管道监管体系中的作用. 油气储运, 2016, 35(6): 571-576.

[116] 傅为忠, 李孟雨. 基于改进 ISM 模型的区域物流与区域经济协同发展影响因素分析. 管理现代化, 2016, 36(3): 23-25.

[117] 董千里. 供应链突发事件集成管理研究. 物流技术, 2009, 28(7): 180-184.

[118] 鞠彦兵. 模糊环境下应急管理评价方法及应用. 北京: 北京理工大学出版社, 2013.

[119] 邹武杰, 傅敏宁, 周国强, 等.城市综合减灾服务体系建设方案设计初探. 自然灾害学报, 2004, (6): 30-32.

[120] Department of Transport & Regional Services. Natural Disasters in Australia: Reform ingmitigation, Relief & Recovery Arrangements-Areport to the Council of Australian Governments by a High Level Official's Group. http://www.ema.gov.au/, 2002-08.

[121] Simpson D M, Katirai M. Indicator Issues and Proposed Framework for a Disaster Preparedness Index. Working Paper, Center for Hazards Research and Policy Development, University of Louisville, 2006-06-03.

[122] 邓云峰, 郑双忠, 刘功智, 等. 城市应急能力评估体系研究. 中国安全生产科学技术, 2005, 1(6): 33-36.

[123] 冯百侠. 城市灾害应急能力评价的基本框架. 河北理工大学学报(社会科学版), 2006, 6(11): 210-212.

[124] 卢文刚, 彭静. 广州城市地铁突发公共事件应急能力评价指标体系研究. 城市发展研究. 2012, 19(4): 118-124.

[125] 张海波, 童星. 应急能力评估的理论框架. 中国行政管理, 2009, (4): 33-37.

[126] 张海波, 童星. 中国应急管理结构变化及其理论概化. 中国社会科学, 2015, (3): 58-84.

[127] 田依林, 杨青. 突发事件应急能力评价指标体系建模研究. 应用基础与工程科学学报, 2008, 16(4): 200-208.

[128] 宋英华. 基于熵权模糊法的公众应急能力评价研究. 科研管理, 2014, 35(12): 183-188.

[129] 刘超. 基于 PPRR 理论的电力应急能力评估指标体系研究. 电信科学, 2010, (S3): 37-41.

[130] 何沙, 吉安民, 姬荣斌, 等. 基于 AHP-最小判别的逐级判别模型的石油企业安全应急能力评价. 中国安全科学学报, 2011, 21(2): 41-47.

[131] 苗成林, 孙丽艳, 杨力, 等. 基于结构方程模型的煤矿企业应急救援能力评价研究. 中国安全生产科学技术, 2014, 10(2): 106-113.

[132] 王璐, 李树刚, 成连华, 等. 基于 PDCA 模式的煤矿应急能力评价指标体系. 煤矿安全, 2014, 45(8): 241-244 .

[133] 肖庆业. 南方地区退耕还林工程效益组合评价研究. 北京: 北京林业大学博士学位论文, 2013.

[134] 李林浩. 基于层次分析法和模糊综合评价法的供应链应急能力评价研究. 济南: 山东财经大学硕士学位论文, 2012.

[135] 刘铁民. 应急体系建设和应急预案编制. 北京: 企业管理出版社, 2004.

[136] 陈安, 陈宁, 倪慧荟. 现代应急管理理论与方法. 北京: 科学出版社, 2009.

[137] 吕涛. 煤炭供应保障影响因素及储备保障战略研究. 江苏: 中国矿业大学出版社, 2011.

[138] 付兆辉, 杜伟, 李瑞忠. 能源专家为什么"心痛"? 因为我国多种能源储备严重不足!能源规划权威解读. 中国能源报, 2017-05-17.

附录 1　距离参数

（单位：km）

<table>
<tr><td rowspan="2">储备点</td><td colspan="25">需求点</td></tr>
<tr><td>1
舟山</td><td>2
宁波</td><td>3
上海</td><td>4
嘉兴</td><td>5
台州</td><td>6
温州</td><td>7
南京</td><td>8
苏州</td><td>9
无锡</td><td>10
常州</td><td>11
镇江</td><td>12
南通</td><td>13
泰州</td><td>14
扬州</td><td>15
杭州</td><td>16
绍兴</td><td>17
湖州</td><td>18
金华</td><td>19
丽水</td><td>20
衢州</td><td>21
宿迁</td><td>22
淮安</td><td>23
徐州</td><td>24
盐城</td><td>25
连云港</td></tr>
<tr><td>1 舟山</td><td>0</td><td>15.252</td><td>100.13</td><td>118.61</td><td>160.49</td><td>262.66</td><td></td><td></td><td></td><td></td><td></td><td></td><td></td><td></td><td>187.52</td><td>147.61</td><td>221.97</td><td>259.63</td><td>272.54</td><td>335.46</td><td></td><td></td><td></td><td></td><td></td></tr>
<tr><td>2 宁波</td><td>15.235</td><td>0</td><td>116.4</td><td>123.22</td><td>145.27</td><td>247.81</td><td></td><td></td><td></td><td></td><td></td><td></td><td></td><td></td><td>185.11</td><td>143.31</td><td>224.09</td><td>249.69</td><td>259.54</td><td>325.81</td><td></td><td></td><td></td><td></td><td></td></tr>
<tr><td>3 上海</td><td>100.13</td><td>116.4</td><td>0</td><td>79.093</td><td>249.17</td><td>340.64</td><td>316.56</td><td>82.42</td><td>117.43</td><td>156.64</td><td>220.99</td><td>155.87</td><td>251.81</td><td>287.3</td><td></td><td></td><td></td><td></td><td></td><td></td><td></td><td></td><td></td><td></td><td></td></tr>
<tr><td>4 南京</td><td></td><td></td><td></td><td></td><td></td><td></td><td>0</td><td>191.24</td><td>153.11</td><td>116.04</td><td>61.099</td><td>190.88</td><td>121.66</td><td>61.99</td><td></td><td></td><td></td><td></td><td></td><td></td><td></td><td></td><td></td><td></td><td></td></tr>
<tr><td>5 常州</td><td></td><td></td><td></td><td></td><td></td><td></td><td>116.04</td><td>78.898</td><td>38.436</td><td>0</td><td>32.203</td><td>83.562</td><td>82.8</td><td>89.241</td><td></td><td></td><td></td><td></td><td></td><td></td><td></td><td></td><td></td><td></td><td></td></tr>
<tr><td>6 泰州</td><td></td><td></td><td></td><td></td><td></td><td></td><td>121.66</td><td>146.16</td><td>109.28</td><td>82.8</td><td>63.386</td><td>97.983</td><td>0</td><td>61.143</td><td></td><td></td><td></td><td></td><td></td><td></td><td></td><td></td><td></td><td></td><td></td></tr>
<tr><td>7 扬州</td><td></td><td></td><td></td><td></td><td></td><td></td><td>61.99</td><td>167.61</td><td>126.9</td><td>89.253</td><td>22.719</td><td>144.63</td><td>61.14</td><td>0</td><td></td><td></td><td></td><td></td><td></td><td></td><td></td><td></td><td></td><td></td><td></td></tr>
<tr><td>8 杭州</td><td></td><td></td><td></td><td></td><td></td><td></td><td></td><td></td><td></td><td></td><td></td><td></td><td></td><td></td><td>0</td><td>45.941</td><td>70.73</td><td>135.77</td><td>201.81</td><td>193.6</td><td></td><td></td><td></td><td></td><td></td></tr>
<tr><td>9 徐州</td><td></td><td></td><td></td><td></td><td></td><td></td><td></td><td></td><td></td><td></td><td></td><td></td><td></td><td></td><td></td><td></td><td></td><td></td><td></td><td></td><td>119.62</td><td>182.15</td><td>0</td><td>291.57</td><td>183.79</td></tr>
<tr><td>10 淮安</td><td></td><td></td><td></td><td></td><td></td><td></td><td></td><td></td><td></td><td></td><td></td><td></td><td></td><td></td><td></td><td></td><td></td><td></td><td></td><td></td><td>63.529</td><td>0</td><td>182.15</td><td>109.96</td><td>107.58</td></tr>
<tr><td>11 连云港</td><td></td><td></td><td></td><td></td><td></td><td></td><td></td><td></td><td></td><td></td><td></td><td></td><td></td><td></td><td></td><td></td><td></td><td></td><td></td><td></td><td>117.01</td><td>107.58</td><td>183.79</td><td>165.42</td><td>0</td></tr>
</table>

附录 2　时 间 参 数

（单位：h）

需求点

储备点	1 舟山	2 宁波	3 上海	4 嘉兴	5 台州	6 温州	7 南京	8 苏州	9 无锡	10 常州	11 镇江	12 南通	13 泰州	14 扬州	15 杭州	16 绍兴	17 湖州	18 金华	19 丽水	20 衢州	21 宿迁	22 淮安	23 徐州	24 盐城	25 连云港
1 舟山	海 0	海 0.54	海 3.58 管 16.18	海 4.24 管 10.98	海 5.73 管 20.18	海 9.38 管 34.41									管 25.71	管 19.9		管 34.68		管 45.25					
2 宁波	海 0.54	管 0 铁 0 海 0	铁 1.45 海 4.15	铁 1.54 海 4.40	铁 1.82 海 5.19	铁 3.10 海 8.85									铁 2.31	铁 1.79	铁 2.80	铁 3.12	铁 3.24	铁 4.07					
3 上海			管 0 铁 0 海 0				铁 3.96 江 11.31	铁 1.03 江 2.94	铁 1.47 江 4.19	铁 1.96 江 5.59	铁 2.76 江 7.89	铁 1.95 江 5.57	铁 3.15 江 8.99	铁 3.59 江 10.26											
4 南京							管 0 铁 0 江 0	管 26.56 铁 2.39 江 6.83	管 21.27 铁 1.91 江 5.47	管 16.12 铁 1.45 江 4.14	管 8.49 铁 0.76 江 2.18	铁 2.39 江 6.82	管 16.90 铁 1.52 江 4.34	管 8.61 铁 0.77 江 2.21											
5 常州							管 16.12 铁 1.45 江 4.14	管 10.96 铁 0.99 江 2.82	管 5.34 铁 0.48 江 1.37	管 0 铁 0 江 0	管 4.47 铁 0.41 江 1.15	铁 1.04 江 2.98	管 11.5 铁 1.04 江 2.96	管 12.39 铁 1.12 江 3.19											

续表

储备点		需求点																								
		1 舟山	2 宁波	3 上海	4 嘉兴	5 台州	6 温州	7 南京	8 苏州	9 无锡	10 常州	11 镇江	12 南通	13 泰州	14 扬州	15 杭州	16 绍兴	17 湖州	18 金华	19 丽水	20 衢州	21 宿迁	22 淮安	23 徐州	24 盐城	25 连云港
6 泰州	管							16.90	20.30	15.18	11.5	8.80			8.49											
	铁							1.52	1.83	1.37	1.04	0.79	1.22		0.76											
	江							4.35	5.22	3.90	2.96	2.26	3.50		2.18											
7 扬州	管							8.61	23.28	17.62	12.40	3.16		8.49	0											
	铁							0.77	2.10	1.59	1.12	0.28	1.81	0.76	0											
	江							2.21	5.99	4.53	3.19	0.81	5.17	2.18	0											
8 杭州	管															0	6.38		18.86		26.89					
	铁															0	0.57	0.88	1.70	2.52	2.42					
9 徐州	管																					16.61	25.30	0		
	铁																					1.50	2.28	0	3.64	2.30
10 淮安	管																					8.82	0	25.30		
	铁																					0.79	0	2.28	1.37	1.34
11 连云港	铁																					1.46	1.34	2.30	2.07	0

附录 3 一般预警情景的总优化结果

（单位：t）

储备点	舟山	宁波	上海	嘉兴	台州	温州	南京	苏州	无锡	常州	镇江	南通	泰州	扬州	杭州	绍兴	湖州	金华	丽水	衢州	宿迁	淮安	徐州	盐城	连云港
									沿江地区							浙西北地区						苏北地区			
		沪浙沿海地区																							
1 舟山 124876	8510	海 22083	海 40911	海 16921	海 17403	海 19047																			
2 宁波 141110		16643	管 23357 铁 24599 海 24463	铁 711 海 409	管 0 铁 1055 海 854	管 200 铁 2789 海 2503									管 13344 铁 15481	管 2811 铁 4522	铁 3499	管 0 铁 2743	铁 164	管 0 铁 864					
3 上海 138376	海 100	管 7295 铁 8815 海 8237	83216	管 2965	铁 3741 海 2943	铁 4555 海 4145	铁 6302 海 5531	铁 0	铁 331 江 170	铁 117 江 1	铁 0 江 5	铁 0 江 0	铁 0 江 0	铁 0 江 0											
4 南京 108721		海 8						20849	管 8215 铁 10079 江 9694	管 4319 铁 6036 江 5740	管 2467 铁 3809 江 3576	管 1830 铁 2523 江 2719	铁 6314 江 8854	管 1304 铁 2671 江 2364	管 2465 铁 3045 江 2848										

续表

储备点	舟山	宁波	上海	慈溪	台州	温州	南京	苏州	无锡	常州	镇江	南通	泰州	扬州	杭州	绍兴	湖州	金华	丽水	衢州	宿迁	淮安	徐州	盐城	连云港
5　常州 108873							管5218 铁6428 江6424	管9506 铁9966 江9847	管5609 铁5865 江6098	11453	管2132 铁2250 江2298	铁5904 江6034	管1868 铁2529 江2531	管1560 铁2674 江2645											
6　泰州 109054							管5398 铁6612 江6349	管8523 铁10118 江9795	管4933 铁6288 江5850	管2839 铁3598	管1682 铁2401	铁6390	8369	管2249 铁2916											
7　扬州 108699							管5847 铁6819 江6587	管8112 铁9902 江9930	管4493 铁5887 江5887	管2959 铁3755 江3671	管2083 铁2731 江2482	铁6169 江5557	管2182 铁2826 江2391	管2793 8429											
8　杭州 131820															50326	管13646 铁14187	铁12910	管11359 铁12717	铁8514	管2824 铁5336					
9　徐州 44176																					管2136 铁3336	管2266 铁4177	17102	铁10214	铁4945
10　淮安 44240																					管2575 铁3293	8664	管6118 铁8347	铁10364	铁4878
11　连云港 41992																					铁5399	铁6506	铁10315	12587	7187